I0232439

Todos los libros de Linkgua Ediciones cuentan con modelos de Inteligencia Artificial entrenados por hispanistas. Pregúntale al chat de tu libro lo que desees acerca de la obra o su autor/a.

Para ebooks: Accede a nuestro modelo de IA a través de este enlace.

Para libros impresos: Escanea el código QR de la portada con tu dispositivo móvil.

Obtén análisis detallados de nuestros libros, resúmenes, respuestas a tus preguntas y accede a nuestras ediciones críticas generativas para una experiencia de lectura más enriquecedora.
La transparencia y el respeto hacia la autoría de las fuentes utilizadas son distintivos básicos de nuestro proyecto. Por ello, las respuestas ofrecen, mediante un sistema de citas, las fuentes con las que han sido elaboradas.

Pedro Cieza de León

El señorío de los Incas

Selección de Manuel Ballesteros Gaibrois

Barcelona **2024**
Linkgua-ediciones.com

Créditos

Título original: El señorío de los incas.

© 2024, Red ediciones S.L.
Selección y edición de Manuel Ballesteros Gaibrois.

e-mail: info@linkgua.com

Diseño de cubierta: Michel Mallard

ISBN rústica: 978-84-9816-761-0.
ISBN ebook: 978-84-9953-119-9.

Sumario

Brevísima presentación

La vida

Pedro Cieza de León (Llerena, 1520-Sevilla, 1554). España.

Fue conquistador y cronista e historiador del Perú. Escribió una *Crónica del Perú* en tres partes, de las que solo la primera se publicó en vida de su autor, quedando inéditas las otras dos hasta los siglos XIX y XX.

En Cartagena de Indias participó en expediciones, fundaciones, encomiendas gubernamentales y otros cargos, aunque su obra principal es la crónica y el ambicioso proyecto de una *Historia del Perú*.

Hacia 1548 Cieza se estableció en la Ciudad de los Reyes (actual Lima) y allí empezó a escribir sus crónicas del Nuevo Mundo. Durante los dos años siguientes recorrió el Perú y compiló cuantiosa información para su obra.

Regresó a España en 1551 y se casó en Sevilla con una mujer llamada Isabel López. En esta ciudad publicó en 1553 la *Primera parte de la crónica del Perú*. Murió al año siguiente dejando una obra inédita que fue publicada en 1871, bajo el título de *Segunda parte de la crónica del Perú, que trata del señorío de los incas yupangueis y de sus grandes hechos y gobernación*. En 1909 se publicó la tercera parte de sus crónicas con el título de *Tercer libro de las guerras civiles del Perú*, el cual se llama *La guerra de Quito*.

Aunque su obra es histórica, y narra los acontecimientos de la conquista, y de las guerras entre los españoles, su mayor interés radica en la profundidad con que describe la geografía, etnografía, flora y fauna autóctonas.

El señorío de los incas

Capítulo III

...De la cual y dél procedieron todos los naturales que hubo y hay. Tenían por Dios al Sol. Acá en estas provincias del Perú, aunque ciegos, los hombres dan más razón de sí, puesto que cuentan tantas fábulas que serían dañosas si las hubiese describir. Cuentan estas naciones que antiguamente, muchos años antes que hubiese Incas estando las tierras muy pobladas de gentes, que vino tan gran diluvio y tormenta que, saliendo la mar de sus límites y curso natural, hinchió toda la tierra de agua de tal manera que toda la gente pereció, porque allegaron las aguas hasta los más altos montes de toda la serranía. Y sobre esto dicen los guancas, habitadores en el valle de Xaoxa y los naturales de Chaquito en el Collao que, no embargante que este diluvio fuese tan grande y en todas partes tan general, por las cuevas y concavidades de peñas se escondieron algunos con sus mujeres, de los cuales se tornaron a henchir de gentes estas tierras, porque fue mucho lo que multiplicaron. Otros Señores de la serranía y aun de los llanos dicen también que no escapó hombre ninguno que dejase de perecer, si no fueron seis personas que escaparon en una balsa o barca, las cuales engendraron las que ha habido y hay. En fin, sobre esto unos y otros cuentan tantos dichos y fábulas (si lo son), que sería muy gran trabajo escribirlas. Creer que hubo algún diluvio particular en esta longura de tierra como fue en Tesalia y en otras partes, no lo dude el lector porque todos en general lo afirman y dicen sobre ello lo que yo escribo y no lo que esotros fingen y componen; y no creo yo que estos indios tengan memoria del Diluvio, porque cierto tengo para mí ellos poblaron después de haber pasado y haber habido entre los hombres la división de las lenguas en la Torre de Babel. Todos los moradores de las provincias de acá creen la inmortalidad de la ánima como creen que hay Hacedor. Tienen por Dios soberano al Sol. Adoraban en árboles, piedras, sierras y en otras cosas que ellos imaginaban. El creer que el ánima era inmortal, según lo que yo entendí de muchos Señores naturales a quien lo pregunté, era que muchos decían que si en el mundo había sido el varón valiente y había engendrado muchos hijos y tenido reverencia a sus padres y hecho plegarias y sacrificios al Sol y a los demás dioses suyos, que su songo deste, que ellos tienen por corazón, porque distinguir la natura del ánima y su potencia no lo saben ni nosotros entendemos dellos más de lo que yo cuento, va a un lugar deleitoso lleno de vicios y recreaciones, adonde todos comen, beben y huelgan; y si por el contrario ha sido malo, inobediente a sus padres, enemigo de la religión, va a otro lugar oscuro y tenebroso. En el primer libro traté más largo en estas materias;[1] por tanto, pasando adelante, contaré de la misma manera que estaban las gentes deste reino antes que floreciesen los Incas ni dél se hiciesen señores soberanos por él, antes sabemos, por lo que todos sabemos y afirman, que eran behetrías sin tener la orden y gran razón y justicia que después tuvieron; y lo que hay que decir de Ticiviracocha, a quien ellos llamaban y tenían por Hacedor de todas las cosas.

Capítulo IV. Que trata lo que dicen los indios desde reino que había antes que los Incas fuesen conocidos y de cómo había fortalezas por los collados, de donde salían a se dar guerra los unos a los otros

Muchas veces pregunté a los moradores destas provincias lo que sabían que en ellas hubo antes que los Incas los señoreasen, y sobre esto dicen que todos vivían desordenadamente y que muchos andaban desnudos, hechos salvajes, sin tener casas ni otras moradas que cuevas de las muchas que vemos haber en grandes riscos y peñascos, de donde salían a comer de lo que hallaban por los campos. Otros hacían en los cerros castillos que llaman pucaras, desde donde, aullando con lenguas extrañas, salían a pelear unos con otros sobre las tierras de labor o por otras causas y se marchaban muchos dellos, tomando el despojo que hallaban y las mujeres de los vencidos; con todo lo cual iban triunfando a lo alto de los cerros donde tenían sus castillos y allí hacían sus sacrificios a los dioses en quien ellos adoraban, derramando delante de las piedras e ídolos mucha sangre humana y de corderos. Todos ellos eran behetrías sin orden, porque cierto dicen no tenían señores ni más que capitanes con los cuales salían a las guerras: si algunos andaban vestidos, eran las ropas pequeñas y no como agora las tienen. Los llautos y cordones que se ponen en las cabezas para

---

1   *Primera parte de la crónica del Perú*, especialmente en el cap. LXII.

ser conocidos unos entre otros, dicen que los tenían como agora los usan. Y estando estas gentes desta manera, se levantó en la provincia del Collao un señor valentísimo llamado Zapana, el cual pudo tanto que metió debajo de su señorío muchas gentes de aquella provincia; y cuentan otra cosa, la cual si es cierta o no sábelo el altísimo Dios que entiende todas las cosas, porque yo lo que voy contando no tengo otros testimonios ni libros que los dichos de estos indios, y lo que quiero contar es que afirman por muy cierto que después que se levantó en Hatuncollao aquel capitán o tirano poderoso, en la provincia de los Canas, que está entre medias de los Canches y Collao, cerca del pueblo llamado Chungara se mostraron unas mujeres como si fueran hombres esforzados que, tomando las armas, compelían a los que estaban en la comarca donde ellas moraban y quéstas, casi al uso de lo que cuentan de las amazonas, vivían sin² sus maridos haciendo pueblos por sí; las cuales, después de haber durado algunos años y hecho algunos hechos famosos, vinieron a contender con Zapana, el que se había hecho señor de Hatuncollao, y por defenderse de su poder, que era grande, hicieron fuerzas y albarradas, que hoy viven, para defenderse, y que después de haber hecho hasta lo último de potencia fueron presas y muertas y su nombre deshecho.

En el Cuzco está un vecino que ha por nombre Tomás Vázquez, el cual me contó que yendo él y Francisco de Villacastín al pueblo de Ayavire, viendo aquellas cercas y preguntando a los indios naturales lo que era, les contaron esta historia. También cuentan lo que yo tengo escrito en la primera parte,³ que en la isla de Titicaca en los siglos pasados hubo unas entes barbadas blancas como nosotros; y que saliendo del valle de Coquimbo un capitán que había por nombre Cari allegó a donde agora es Chucuito, de donde, después de haber hecho algunas nuevas poblaciones, pasó con su gente a la isla y dio tal guerra a esta gente que digo, que los mató a todos. Chirihuana, gobernador de aquellos pueblos, que son del Emperador, me contó lo que tengo escrito. Y, como esta tierra fuese tan grande y en parte tan sana y aparejada para pasar la humana vida y estuviese henchido de gentes, aunque anduviesen en sus guerrillas y pasiones, fundaron e hicieron muchos pueblos y los capitanes que mostraron ser valerosos pudieron

---

2   *Con* dice el original.
3   Cap. C.

quedarse por señores de algunos pueblos; y todos, según es público, tenían en sus estancias o fortalezas indios los más entendidos que hablaban con el Demonio, el cual, permitiéndolo Dios todopoderoso por lo que él sabe, tuvo poder grandísimo en estas gentes.

Capítulo V. De lo que dicen estos naturales de Ticiviracocha, y de la opinión que algunos tienen que atravesó un Apóstol por esta tierra, y del templo que hay en Cáchan y de lo que allí pasó

Antes que los Incas reinasen en estos reinos ni en ellos fuesen conocidos, cuentan estos indios otra cosa muy mayor que todas las que ellos dicen, porque afirman que estuvieron mucho tiempo sin ver el Sol y que, padeciendo gran trabajo con esta falta, hacían grandes votos y plegarias a los que ellos tenían por dioses, pidiéndoles la lumbre de que carecían; y que estando desta suerte salió de la isla de Titicaca, que está dentro de la gran laguna del Collao, el Sol muy resplandeciente, con que todos se alegraron.[4] Y, luego que esto pasó, dicen que de hacia las partes del Mediodía vino y remaneció un hombre blanco de crecido cuerpo, el cual en su aspecto y persona mostraba gran autoridad y veneración, y que este varón que así vieron tenía tan gran poder que de los cerros hacía llanuras y de las llanuras hacia cerros grandes, haciendo fuentes en piedras vivas; y como tal poder reconociesen llamábanle Hacedor de todas las cosas criadas, Principio dellas, Padre del Sol, porque, sin esto, dicen que hacía otras cosas Mayores, porque dio ser a los hombres y animales; y que, en fin, por su mano les vino notable beneficio. Y este tal, cuentan los indios que a mí me lo dijeron, que oyeron a sus pasados, que ellos también oyeron en los cantares que ellos de lo muy antiguo tenían, que fue de largo hacia el Norte haciendo y obrando estas maravillas por el camino de la serranía y que nunca jamás lo volvieron a ver. En muchos lugares diz que dio orden a los hombres cómo viviesen y que les hablaba amorosamente y con mucha mansedumbre, amonestándoles que fuesen buenos y los unos a los otros no se hiciesen daño ni injuria, antes, amándose, en todos hubiese caridad. Generalmente le nombran en la mayor parte Ticiviracocha, aunque en la provincia del Collao

---

4   Toca esta misma materia en el cap. CIII, de la citada Primera parte.

le llaman Tuapaca, y en otros lugares della Arnauan.[5] Fuéronle en muchas partes hechos templos, en los cuales pusieron bultos de piedra a su semejanza, y delante dellos hacían sacrificios: los bultos grandes que están en el pueblo de Tiahuanacu,[6] se tiene que fue desde aquellos tiempos; y aunque, por fama que tienen de lo pasado, cuentan esto que digo de Ticiviracocha, no saben decir dél más ni que volviese a parte ninguna deste reino.

Sin esto, dicen que, pasados algunos tiempos, volvieron a ver otro hombre semejable al que está dicho, el nombre del cual no cuentan, y que oyeron a sus pasados por muy cierto que por donde quiera que llegaba y hubiese enfermos los sanaba y a los ciegos con solamente palabras daba vista; por las cuales obras tan buenas y provechosas era de todos muy amado; y desta manera, obrando con su palabra grandes cosas, llegó a la provincia de los Canas, en la cual, junto a un pueblo que ha por nombre Cacha, y que en él tiene encomienda el Capitán Bartolomé de Terrazas, levantándose los naturales inconsideradamente fueron para él con voluntad de lo apedrear y, conformando las obras con ella, le vieron hincado de rodillas, alzadas las manos al cielo, como que invocaba el favor divino para se librar del aprieto en que se veía. Afirman estos indios más, que luego pareció un fuego del cielo muy grande que pensaron ser todos abrasados; temerosos y llenos de gran temblor fueron para el cual así querían matar y con clamores grandes le suplicaron de aquel aprieto librarlos quisiese, pues conocían por el pecado que habían cometido en lo así querer apedrear, les venía aquel castigo. Vieron luego que, mandando al fue o que cesase, se apagó, quedando con el incendio consumidas y gastadas las piedras de tal manera que a ellas mismas se hacían testigos de haber pasado esto que se ha escrito, porque salían quemadas y tan livianas, que aunque sea algo crecida es levantada con la mano como corcha. Y sobre esta materia dicen más: que saliendo de allí fue hasta llegar a la costa de la mar, adonde, tendiendo su manto, se fue por entre sus ondas y que nunca jamás pareció ni le vieron; y como se fue le pusieron por nombre Viracocha, que quiere decir espuma de la mar. Y luego que esto pasó se hizo un templo en este pueblo

---

5   En el cap. LXXXIV dice que Ticiviracocha era el nombre que daban al Hacedor los Huancas, nacion del valle de Xauxa.

6   De estas estatuas habla en el cap. CV de la Primera parte de su Crónica.

de Cacha, pasado un río que va junto a él, al Poniente, adonde se puso un ídolo de piedra muy grande en un retrete algo angosto; y este retrete no es tan crecido y abultado como los que están en Tiahuanaco hechos a remembranza de Ticiviracocha, ni tampoco parece tener la forma del vestimento que ellos.[7] Alguna cantidad de oro en joyas se halló cerca dél.

Yo pasando por aquella provincia, fui a ver este ídolo,[8] porque los españoles publican y afirman que podría ser algún apóstol; y aún a muchos oí decir que tenía cuentas en las manos, lo cual es burla, si yo no tenía los ojos ciegos, porque aunque mucho lo miré no pude ver tal ni más de que tenía puestas las manos encima de los cuadriles, enroscados los brazos y por la cintura señales que deberían significar como que la ropa que tenía se rendía con botones. Si éste o el otro fue alguno de los gloriosos apóstoles que en el tiempo de su predicación pasaron a estas partes, Dios todopoderoso lo sabe, que yo no sé que sobre esto me crea más de que, a mi creer, si fuera apóstol, obrara con el poder de Dios su predicación en estas gentes, que son simples y de poca malicia, y quedara reliquia dello o en las Escrituras Santas lo halláramos escrito; mas lo que vemos y entendemos es que el Demonio tuvo poder grandísimo sobre estas gentes, permitiéndolo Dios; y en estos lugares se hacían sacrificios vanos y gentílicos; por donde yo creo que hasta nuestros tiempos la palabra de Santo Evangelio no fue vista ni oída; en los cuales vemos ya del todo profanados sus templos y por todas partes la Cruz gloriosa puesta.

Yo pregunté a los naturales de Cacha, siendo su cacique o señor un indio de buena persona y razón llamado don Juan, ya cristiano, y que fue

---

7 Escribe Cieza en el cap. XCVII de la *Primera parte de la crónica del Perú*: «Y en el pueblo de Chaca (por Cacha) habia grandes aposentos hechos por Topainga Yupangue (Tupac Inca Yupanqui). Pasado un rio, está un pequeño cercado, dentro del cual se halló alguna cantidad de oro, porque dicen que a conmemoracion y remembranza de su dios Ticiviracocha, a quien llaman Hacedor, estaba hecho este templo y puesto en él un ídolo de piedra de la estatura de un hombre, con su vestimenta y una corona o tiara en la cabeza; algunos dijeron que podia ser esta hechura a figura de un apóstol que llegó a esta tierra; de lo cual en la segunda parte trataré lo que desto sentí y pude entender y lo que dicen del fuego del cielo que abajó, el cual convirtió en ceniza muchas piedras.»

8 «Yendo yo el año 1549 a los Charcas, a ver las provincias y ciudades que en aquella tierra hay...» (*Primera parte de la crónica del Perú*, cap. CCV.)

en persona conmigo a mostrarme esta antigualla, en remembranza de cuál Dios habían hecho aquel templo, y me respondió que de Ticiviracocha. Y, pues tratamos deste nombre de Viracocha, quiero desengañar al lector del creer que el pueblo tiene que los naturales pusieron a los españoles por nombre Viracocha, que es tanto decir como espuma de la mar; y cuanto al nombre es verdad, porque vira es nombre de manteca, y cocha de mar; y así, pareciéndoles haber venido por ella, les habían atribuido aquel nombre. Lo cual es mala interpretación, según la relación que yo tomé en el Cuzco y dan los orejones; porque dicen que luego que en la provincia de Cajamarca fue preso Atahuallpa por los españoles, habiendo habido entre los dos hermanos Huascar Inca, único heredero del imperio, y Atahuallpa, grandes guerras y dádose capitanes de uno contra capitanes de otro muchas batallas, hasta que en el río de Apurimac, por el paso de Cotabamba, fue preso el rey Huascar y tratado cruelmente por Calicuchima, sin lo cual el Quisquiz en el Cuzco hizo gran daño y mató, según es público, treinta hermanos de Huascar e hizo otras crueldades en los que tenían su opinión y no se habían mostrado favorables a Atahuallpa; y como andando en estas pasiones tan grandes hubiese, como digo, sido preso Atahuallpa y concertado con él Pizarro que le daría por su rescate una casa de oro, y para traelle fuesen al Cuzco Martín Bueno, Zárate y Moguer,[9] porque la mayor parte estaba en el solemne templo de Curicancha; y como llegasen estos cristianos al Cuzco en tiempos y coyunturas que los de la parte de Huascar pasaban por la calamidad dicha y supiesen la prisión de Atahuallpa, holgáronse tanto como se puede significar; y así, luego, con grandes suplicaciones imploraba(n)

---

9   Agustin de Zárate, bajo la fe de Rodrigo Lozano (*Historia del Perú*, lib. 2.º, cap. VII), y Garcilaso (Com. re., 2.ª parte, lib. 1.º, cap. XXVIII) cuentan que los primeros castellanos que Francisco Pizarro envió al Cuzco fueron Hernando de Soto y Pedro del Barco, natural de Lobon; y Pedro Pizarro, testigo de vista, dice que los españoles mandados al Cuzco y primeros que entraron en esta ciudad, fueron solo dos, Martin Bueno y Pedro Martin de Moguer. (Relacion del descubrimiento y conquista de los reinos del Perú.) Don Juan de Santacruz Pachacuti, en su Relacion de antigüedades del Perú, escribe tambien que fueron dos; pero no Bueno y Martin de Moguer, sino Barco y Gandía (Pedro de). Yo creo que quien está en lo cierto es Pedro Pizarro.
La partida de estos enviados al Cuzco fue de Cassamarca a 15 de febrero de 1533; permanecieron en la capital del imperio de los Incas una semana.

su ayuda contra Atahuallpa su enemigo, diciendo ser enviados por mano de su gran dios Ticiviracocha y ser hijos suyos; y así luego les llamaron y pusieron por nombre Viracocha. Y mandaron al gran sacerdote, como a los demás ministros del templo, que las mujeres sagradas se estuviesen en él, y el Quizquiz les entregó todo el oro y plata. Y como la soltura de los españoles haya sido tanta y en tan poco hayan tenido la honra ni honor destas gentes, en pago del buen hospedaje que les hacían y amor con que los servían, corrompieron algunas vírgenes y a ellos tuviéronlos en poco; que fue causa que los indios, por esto y por ver la poca reverencia que tenían a su Sol y cómo sin vergüenza ninguna ni temor de Dios violaban[10] sus mamaconas, que ellos tenían por gran sacrilegio, dijeron luego que la tal gente no eran hijos de Dios, sino peores que Supais, que es nombre del Diablo; aunque, por cumplir con el mandado del señor Atahuallpa, los capitanes y delegados de la ciudad los despacharon sin les hacer enojo ninguno, enviando luego el tesoro.[11] Y el nombre de Viracocha se quedó hasta hoy; lo cual, según tengo dicho, me informaron ponérselo por lo que tengo escrito y no por la significación que dan de espuma de la mar. Y, con tanto, contaré lo que entendí del origen de los Incas.

Capítulo VI. De cómo remanecieron en Pacarec Tampu ciertos hombres y mujeres, y de lo que cuentan que hicieron después que de allí salieron

Ya tengo otras veces dicho[12] cómo, por ejercicio de mi persona y por huir los vicios que de la ociosidad se recrecen, tomé trabajo describir lo que yo alcancé de los Incas y de su regimiento y buena orden de gobernación; y como no tengo otra relación ni escritura que la que ellos dan, si alguno atinare a escribir esta materia más acertada que yo, bien podía; aunque para claridad de lo que escribo no dejé pasar trabajo y por hacerlo con más verdad vine al Cuzco, siendo en ella corregidor el capitán Juan de Sayavedra,[13] donde hice juntar a *Cayu Tupac*, que es el que hay vivo de los

---

10 *Ynuocavan*, dice nuestro original.
11 *Enviando luego tesorero*, en n. orig.
12 En varios lugares del Libro tercero de la Cuarta parte de la *Crónica del Perú*, titulado *La guerra de Quito*.
13 A principios del año de 1550.

descendientes de Huaina Cápac porque Sairi Tupac, hijo de Manco Inca, está retirado en Viticos, a donde su padre se ausentó después de la guerra que en el Cuzco con los españoles tuvo, como adelante contaré,[14] y a otros de los orejones, que son los que entre ellos se tienen por más nobles, y con los mejores intérpretes y lenguas que se hallaron les pregunté, estos señores Incas que gente era y de qué nación. Y parece que los pasados Incas, por engrandecer con gran hazaña su nacimiento, en sus cantares se apregona lo que en esto tienen, que es, que estando todas las gentes que vivían en estas regiones desordenadas y matándose unos a otros y estando envueltos en sus vicios, remanecieron en una parte que ha por nombre Pacarec Tampu, que es no muy lejos de la ciudad del Cuzco, tres hombres y tres mujeres. Y según se puede interpretar, Pacarec Tampu quiere tanto decir como casa de producimiento. Los hombres que de allí salieron dicen ser Ayar Uchu el uno y el otro Ayar Hache arauca y el otro dicen llamarse Ayar Manco: las mujeres, la una había por nombre Mama Huaco, la otra Mama Cora, la otra Mama Rahua.[15] Algunos indios cuentan estos nombres

---

14   En los libros II e ill de la Cuarta parte de la *Crónica del Perú*, titulados *Guerra de Chúpas y Guerra de Quito*.

15   Miguel Cabello Balboa (Miscelánea austral, Tercera parte, cap. I) dice que salieron de Pacarec Tampu o Tampu Toco cuatro hermanos y cuatro hermanas, llamados, los primeros, Manco Capac, Ayar Cacha, Ayar Auca y Ayar Uchi, y los segundos, Mama Guaca, Mama Cora, Mama Ocllo y Mama Arahua. El licenciado Fernando de Montesinos (Memorias antiguas del Perú, Lib. 2.º, cap. I) nombra a los ocho hermanos: Ayar Manco Tupac, Ayar Cachi Tupac, Ayar Sauca Tupac y Ayar Uchu Tupac, Mama Cora, Hipa Huacum, Mama Huacum y Pilco Huacum. Y Garcilaso (Com. re., Part. 1.ª, lib. 1.º, cap. XVIII) conviene tambien en que eran cuatro hermanos y cuatro hermanas: Manco Capac, Ayar Cachi, Ayar Uchu y Ayar Sauca, pero nombra solamente una de las hembras, Mama Ocllo, mujer de Manco Capac. Juan de Betánzos (Suma y narración de los Incas) nombra por el órden en que salieron de la cueva misteriosa las parejas siguientes: Ayarcache y Mamaguaco, Ayaroche y Cura, Ayarauca y Raguaocllo, Ayarmango (después Mango Capac) y Mama Ocllo.

Esta conformidad respecto del número y casi de los nombres de los fundadores del linaje imperial y la circunstancia de llamarse uno de los tres varones mencionados por Cieza Ayar Cachi Asauca (en el original Ayar hache-arauca), cual si se hubiesen refundido dos nombres en uno solo (Ayar Cachi y Ayar Sauca), me inducen a sospechar o que nuestro autor entendió mal a los intérpretes que le informaban en el Cuzco de estas cosas, o que hay en el manuscrito escurialense grave error de copia; sin embargo de

de otra manera y en más número, más yo a lo que cuentan los orejones y ellos tienen por tan cierto me allegara, porque lo saben mejor que otros ningunos. Y así, dicen que salieron vestidos de unas mantas largas y unas a manera de camisas sin collar ni mangas, de lana riquísima, con muchas pinturas de diferentes maneras, que ellos llaman tucapu, que en nuestra lengua quiere decir vestidos de reyes; y quel uno destos señores sacó en la mano una honda de oro y en ella puesta una piedra; y que las mujeres salieron vestidas tan ricamente como ellos y sacaron mucho servicio de oro. Pasando adelante con esto, dicen más, que sacaron mucho servicio de oro y quel uno de los hermanos, el que nombraban Ayar Uchu, habló con los otros hermanos suyos para dar comienzo a las cosas grandes que por ellos habían de ser hechas, porque su presunción era tanta que pensaban hacerse únicos señores de la tierra; y por ellos fue determinado de hacer en aquel lugar una nueva población, a la cual pusieron por nombre Pacarec Tampu; y fue hecha brevemente, porque para ello tuvieron ayuda de los naturales de aquella comarca; y, andando los tiempos, pusieron gran cantidad de oro puro y en joyas con otras cosas preciadas en aquella parte, de lo cual hay fama que hubo mucho dello Hernando Pizarro y don Diego de Almagro el mozo.

Y volviendo a la historia, dicen quel uno de los tres, que ya hemos dicho llamarse Ayar Cachi, era tan valiente y tenía tan gran poder que con la honda que sacó, tirando golpe y lanzando piedras, derribaba los cerros y algunas veces que tiraba en alto ponía las piedras cerca de las nubes, lo cual, como por los otros dos hermanos fuese visto, les pesaba pareciéndoles que era afrenta suya no se igualar en aquellas cosas; y así, apasionados con la envidia, dulcemente le rogaron con palabras blandas, aunque bien llenas de engaño, que volviese a entrar por la boca de una cueva donde ellos tenían sus tesoros, a traer cierto vaso de oro que se les había olvidado

---

que esta segunda suposición me parece ménos verosímil, atendiendo a que solo se nombran tres hermanas y se calla la principal, Mama Ocllo. Además, cerca del fin de este capítulo, dice el mismo Cieza que eran tres hermanos.

Hay un autor muy poco conocido, el mercedario Fray Martin de Morúa, que en su Historia del origen y genealogía de los Incas, escrita por los años de 1590 y aún inédita, se expresa de muy diferente modo respecto a los nombres de aquellos hermanos y de sus primeros hechos relacionados con la fundación del Cuzco. (...)

y a suplicar al Sol, su padre les diese ventura próspera para que pudiesen señorear la tierra. Ayar Cachi, creyendo que no había cautela en lo que sus hermanos le decían, alegremente fue a hacer lo que dicho le habían y no había bien acabado de entrar en la cueva cuando los otros dos cargaron sobre él tantas piedras que quedó sin más parecer; lo cual pasado, dicen ellos por muy cierto que la tierra tembló en tanta manera que se hundieron muchos cerros, cayendo sobre los valles.[16]

Hasta aquí cuentan los orejones sobre el origen de los Incas, porque como ellos fueron de tan gran presunción y hechos tan altos, quisieron que se entendiese haber remanecido desta suerte y ser hijos del Sol; donde después, cuando los indios los ensalzaban con renombres grandes, les llaman ¡Ancha hatun apu, intipchuri!, que quiere en nuestra lengua decir: ¡Oh muy gran señor, hijo del Sol! Y lo que yo para mí tengo que se deba creer de esto que estos fingen, será que, así como en Hatuncollao se levantó Zapana y en otras partes hicieron lo mismo otros capitanes valientes, que estos Incas que remanecieron debieron ser algunos tres hermanos valerosos y esforzados y en quien hubiese grandes pensamientos, naturales de algún pueblo destas regiones o venidos de la otra parte de las sierras de los Andes; los cuales, hallando aparejo, conquistarían y ganarían el señorío que tuvieron; y aún sin esto podría ser lo que se cuenta de Ayar Cachi y de los otros ser encantadores, que sería causa de por parte del Demonio hacer lo que hacían. En fin, no podemos sacar dellos otra cosa que esto.

Pues luego que Ayar Cachi quedó dentro en la cueva, los otros dos hermanos suyos acordaron, con alguna gente que se les había llegado, de hacer otra población, la cual pusieron por nombre Tampu Quiru, que en nuestra lengua querrá decir dientes de aposento o de palacio; y así, débese entender que estas poblaciones no eran grandes ni más que algunas fuerzas pequeñas. Y en aquel lugar estuvieron algunos días, habiéndoles ya pesado con haber echado de sí a su hermano Ayar Cachi, que por otro nombre dicen llamarse Huanacaure.

---

16 Todas estas milagrosas hazañas y otras más, generalmente se atribuyen a Ayar Uchu y no a Ayar Cachi.

Capítulo VII. Cómo estando los dos hermanos en Tampu Quiru vieron salir con alas de pluma al que habían con engaño metido en la cueva, el cual les dijo que fuesen a fundar la gran ciudad del Cuzco; y cómo partieron de Tampu Quiru

Prosiguiendo la relación que yo tomé en el Cuzco, dicen los orejones que, después de haber asentado en Tampu Quiru los dos Incas, sin se pasar muchos días, descuidados ya de más ver [a] Ayar Cachi, lo vieron venir por el aire con alas grandes de pluma pintadas. Y ellos, con gran temor que su visita les causó, quisieron huir; más él les quitó presto aquel pavor, diciéndoles: «No temáis ni os acongojéis, que yo no vengo sino porque comience a ser conocido el imperio de los Incas; por tanto, dejad, dejad esa población que hecho habéis y andad más abajo hasta que veáis un valle, adonde luego fundad el Cuzco, que es lo que ha de valer; porque estos son arrabales, y de poca importancia, y aquella será la ciudad grande, donde el templo suntuoso se ha de edificar y ser tan servido, honrado y frecuentado, quel Sol[17] sea el más alabado; y porque yo siempre tengo de rogar a Dios por vosotros y ser parte para que con brevedad alcancéis gran señorío, en un cerro que está cerca de aquí me quedaré de la forma y manera que me veis, y será para siempre por vos y vuestros descendientes santificado y adorado y llamarle héis Guanacaure; y en pago de las buenas obras que de mí habéis recibido, os ruego para siempre me adoréis por Dios y en él me hagáis altares, donde sean hechos los sacrificios; y haciendo vosotros esto, seréis en la guerra por mí ayudados; y la señal que de aquí adelante ternéis para ser estimados, honrados y temidos, será horadaros las orejas de la manera que agora me veréis». Y así, luego, dicho esto, dicen que les pareció verlo con unas orejas[18] de oro, el redondo del cual era como un geme.

Los hermanos, espantados de lo que veían, estaban como mudos, sin hablar; y al fin, pasada la turbación respondieron que eran contentos de hacer lo que mandaba, y luego a toda prisa se fueron al cerro que llaman de Guanacaure, al cual desde entonces hasta ora tuvieron por sagrado; y en lo más alto dél volvieron a ver [a] Ayar Cachi —que sin duda debió de ser algún demonio, si esto que cuentan en algo es verdad, y, permitiéndolo

---

17 Así en el original, yo creo que debe decir: *que aquél, o que él solo sea el más alabado.*
18 Quizá *orejeras.*

Dios, debajo destas falsas apariencias les hacía entender su deseo, quera que le adorasen y sacrificasen, que es lo quél más procura—; y les tornó a hablar, diciéndoles que convenía que tomasen la borla o corona del imperio los que habían de ser soberanos señores y que supiesen cómo en tal acto se ha de hacer para los mancebos ser armados caballeros y ser tenidos por nobles. Los hermanos respondiéronle que ya habían primero dicho que en todo su mandato se cumpliría y en señal de obediencia, juntas las manos y las cabezas inclinadas, le hicieron la mocha, o reverencia para que mejor se entienda; y porque los orejones afirman que de aquí les quedó el tomar de la bolrra y el ser armados caballeros, pornélo en este lugar y servirá para no tener necesidad de lo tomar en lo de adelante a reiterar; y puédese tener por historia gustosa y muy cierta, por cuanto en el Cuzco Manco Inca tomó la bolrra o corona suprema y hay vivos muchos españoles que se hallaron presentes a esta ceremonia y yo lo he oído a muchos dellos. Es verdad que los indios dicen también quen tiempo de los reyes pasados se hacía con más solemnidad y preparamientos y juntas las gentes y riquezas tan grandes que no se puede enumerar.

Según parece, estos señores ordenaron esta orden para que se tomase la bolrra o corona y dicen que Ayar Cachi en el mismo cerro de Guanacaure se vistió de aque esta suerte: el que había de ser Inca se vestía en un día de una camisola negra, sin collar, de unas pinturas coloradas; y en la cabeza con una trenza leonada se ha de dar ciertas vueltas y cubierto con una manta larga leonada ha de salir de su aposento e ir al campo a coger un hace de Paja y ha de tardar todo el día en traerlo sin comer ni beber, porque ha de ayunar, y la madre y hermanas del que fuere Inca han de quedar hilando con tanta prisa, que en aquel propio día se han de hilar y tejer cuatro vestidos para el mismo negocio y han de ayunar sin comer ni beber las que en esta obra estuvieren. El uno destos vestidos ha de ser la camiseta leonada y la manta blanca y el otro ha de ser azul con flocaduras y cordones. Estos vestidos se ha de poner el que fuere Inca y ha de ayunar el tiempo establecido, que es un mes, y a este ayuno llaman zaziy,[19] el cual se hace en un aposento del palacio real sin ver lumbre ni tener ayuntamiento con mujer; y estos días del ayuno las señoras de su linaje han de tener

---

19   *Coci* o *Çoçi* en el original.

muy gran cuidado en hacer con sus propias manos mucha cantidad de su chicha, que es vino hecho de maíz, y han de andar vestidos ricamente. Después de haber pasado el tiempo del ayuno sale el que ha de ser señor, llevando en sus manos una alabarda de plata y de oro, y va a casa de algún pariente anciano a donde le han de ser trasquilados los cabellos; y vestido una de aquellas ropas salen del Cuzco, a donde se hace esta fiesta, y van al cerro de Guanacuare, donde decimos que estaban los hermanos, y hechas algunas ceremonias y sacrificios se vuelven a donde está aparejado el vino, donde lo beben; y luego sale el Inca a un cerro nombrado Anaguar y desde el principio del va corriendo, porque vean cómo es ligero y será valiente en la guerra, y luego baja dél trayendo un poco de lana atado a una alabarda, en señal que cuando anduviere peleando con sus enemigos ha de procurar de traer los cabellos y cabeza dellos. Hecho esto iban al mismo cerro de Guanacaure a coger paja muy derecha, y el que había de ser rey tenía un manojo grande della de oro, muy delgada y pareja, y con ella iba a otro cerro llamado Yahuira,[20] a donde se vestía otra de las ropas ya dichas y en la cabeza se ponía unas trenzas o llautu que llaman pillaca, que es como corona, debajo del cual colgaban unas orejas[21] de oro, y encima se ponía un bonete de plumas cosido como diadema, que ellos llaman puruchuco[22] y en la alabarda ataban una cinta de oro larga que llegaba hasta el suelo, y en los pechos llevaba puesta una Luna de oro; y desta suerte, en presencia de todos los que allí se hallaban, mataba una oveja cuya sangre y carne repartían entre todos los más principales para que cruda la comiesen; en lo cual significaban que, si no fuesen valientes, que sus enemigos comerían sus carnes de la suerte que ellos habían comido la de la oveja que se mató. Y allí hacían juramento solemne a su usanza, por el Sol, de sustentar la orden de caballería y por la defensa del Cuzco morir, si necesario fuese;

---

20 O Yavirá. En memoria de éste, pusieron los Incas conquistadores de Quito el mismo nombre a un cerro que tiene la ciudad al SO., llamado vulgarmente *Panecillo*, modificado, al parecer, artificialmente, y en cuya cima dicen que estaba el templo erigido al Sol por los antiguos *Quitus* o *Caras*.

21 *Orejeras* tal vez.

22 Esta palabra está borrada y enmendada de una manera casi ininteligible; pero se adivina que el principio de ella es puru, calabaza o media calabaza, forma del bonete; y el final chucco, sombrero o tocado.

y luego les abrían las orejas, poniéndolas tan grandes que tiene un geme cada una dellas en redondo; y hecho esto, pónense unas cabezas de leones fieros y vuelven con gran estruendo a la plaza del Cuzco, y en donde estaba una gran maroma de oro que la cercaba toda, sosteniéndose en horcones de plata y de oro: en el comedio desta plaza bailaban y hacían grandísimas fiestas a su modo y andaban los que habían de ser caballeros cubiertos con las cabezas de leones que tengo dicho, para dar a entender que serían valientes y fieros como lo son aquellos animales. Dando fin a estos bailes, quedan armados caballeros y son llamados orejones y tienen sus privilegios y gozan de grandes libertades y son dignos, si los eligen, de tomar la corona, que es la borla; la cual cuando se da al señor que lo ha de ser del imperio, se hacen mayores fiestas y se junta gran número de gente, y el que ha de ser emperador ha primero de tomar a su misma hermana por mujer, porquel estado real no suceda en linaje bajo, y hace el zaziy grande, que es el ayuno. Y en el inter que estas cosas pasan, porque estando el Señor ocupado en los sacrificios y ayunos no sale a entender en los negocios privados y de gobernación, era ley entre los Incas que cuando alguno fallecía o se daba a otro la corona o borla, que pudiese señalar uno de los principales varones del pueblo y que tuviese maduro consejo y gran autoridad, para que gobernase todo el imperio de los Incas, como el mismo señor, durante aquellos días; y a éste tal le era permitido tener guarda y hablalle con reverencia. Y hecho esto, y recibidas las bendiciones en el templo de Curicancha, recibe la borla, que era grande y salía del llautu que tenía en la cabeza cubriéndole hasta caer encima de los ojos, y éste era tenido y reverenciado por soberano. Y a las fiestas se hallaban los principales señores que había en más de cinco lenguas quellos mandaron y parecía en el Cuzco grandísima riqueza de oro y plata y pedrería y plumajes cercándole toda la gran maroma de oro, y la admirable figura del Sol, que era todo de tanta grandeza que pesaba, a lo que afirman por cierto los indios, más de cuatro mil quintales de oro; y si no se daba la borla en el Cuzco tenían al que se llamaba Inca por cosa de burla, sin tener su señorío por cierto;[23] y así, Ata-

---

23 *Por cierto ni ome*, dice en el original; pero habiéndome sido imposible interpretar el *ni ome*, me decido a suprimirlo, tanto más cuanto que no padece el sentido del texto.

huallpa no es contado por rey, aunque como fue de tanto valor y mató tanta gente por temor fue obedecido de muchas naciones.

Volviendo a los que estaban en el cerro de Guanacaure, después que Ayar Cachi les hubo dicho de la manera que habían de tener para ser armados caballeros, Manco, le dijo que se fuese con las dos mujeres al valle que dicho le había, a donde luego fundase el Cuzco, sin olvidar de venir [a] hacer sacrificios [a] aquel lugar, como primero rogado le habían; y que como esto hubiese dicho, así él como el otro hermano se convirtieron en dos figuras de piedras, que demostraban tener talles de hombres, lo cual visto por Ayar Manco, tomando sus mujeres vino a donde agora es el Cuzco a fundar la ciudad, nombrándose y llamándose dende adelante Manco Cápac, que quiere decir rey y señor rico.

Capítulo VIII. Cómo después que Manco Cápac vio que sus hermanos se habían convertido en piedras vino a un valle donde encontró algunas gentes y por él fue fundada y edificada la antigua y muy riquísima ciudad del Cuzco, cabeza principal que fue de todo el imperio de los Incas

Reídome he de lo que tengo escrito destos indios: yo cuento en mi escritura lo que ellos a mí contaron por la suya y antes quito muchas cosas que añado una tan sola. Pues como Manco Cápac hubiese visto lo que de sus hermanos había sucedido y llegase al valle donde agora es la ciudad del Cuzco, alzando los ojos al cielo, dicen los orejones que pedía con grande humildad al Sol que le favoreciese y ayudase en la nueva población que hacer quería y que, vueltos los ojos hacia el cerro de Guanacaure, pedía lo mismo a su hermano, que ya lo tenía y reverenciaba por dios, y mirando en el vuelo de las aves y en las señales de las estrellas y en otros prodigios, lleno de confianza, teniendo por cierto que la nueva población había de florecer y él ser tenido por fundador della y padre de todos los Incas que en ella habían de reinar. Y así, en nombre de su Ticiviracocha y del Sol y de los otros sus dioses, hizo la fundación de la nueva ciudad, el original y principio de la cual fue una pequeña casa de piedra cubierta de paja que Manco Cápac con sus mujeres hizo, a la cual pusieron por nombre Curicancha, que quiere decir cercado de oro, lugar donde después fue aquel tan célebre y tan riquísimo templo del Sol y que agora es monasterio de frailes de la orden de Santo Domingo; y tiénese por cierto que, en el tiempo que esto por Manco Inca Cápac se hacía, había en la comarca del Cuzco indios en cantidad; mas como él no les hiciese mal ni ninguna molestia no le impedían la estada en su tierra, antes se holgaban con él; y, así, Manco Cápac entendía en hacer la casa ya dicha y era dado a sus religiones y culto de sus dioses y fue de gran presunción y de persona que representaba gran autoridad.

La una de sus mujeres fue estéril, que nunca se empreñó; en la otra[24] hubo tres hijos varones y una hija: el mayor fue nombrado Inca Roca Inca y la hija Ocllo, y los nombres de los otros dos no cuentan ni dicen más de que casó al hijo mayor con su hermana; a los cuales mostró lo que habían de hacer para ser amados de los naturales y no aborrecidos y otras cosas grandes. En este tiempo, en Hatuncollao se habían hecho poderosos los descendientes de Zapana y con tiranía querían ocupar toda aquella comarca. Pues como el fundador del Cuzco, Manco Cápac, hubo casado a sus hijos y allegado a su servicio algunas gentes con amor y buenas palabras, con los cuales engrandeció la casa de Curicancha, después de haber vivido muchos años murió estando ya muy vicio y le fueron hechas las obsequias con toda suntuosidad, sin lo cual se le hizo un bulto para reverenciarle como a hijo del Sol.

Capítulo IX. En que se da aviso al lector de la causa porquel autor, dejando de Proseguir con la sucesión de los reyes, quiso contar el gobierno que tuvieron y sus leyes, costumbres qué tales fueron

Aunque pudiera escribir lo que pasó en el reinado de Sinchi Roca Inca,[25] hijo que fue de Manco Cápac, fundador del Cuzco, en este lugar, lo dejé pareciéndome quen lo de adelante habría confusión para saber por entero la manera que se tuvo en la gobernación destos señores, porque unos ordenaron unas leyes y otros otras, y así, pusieron unos los mitimaes y otros las guarniciones de gente de guerra en los lugares establecidos en el reino para

---

24 Por nombre Mama Ocllo Huaco.
25 Antes le llama Inca Roca Inca, pero es conocido por esos dos nombres en las tradiciones o memorias de los quipucamayoc o analistas peruanos.

la defensa dél; y porque son todas cosas grandes y dignas de memoria, y para que las repúblicas que se rigen por grandes letrados y varones désto tomen aviso y unos y otros conciban admiración, considerando que, pues en gente bárbara y que no tuvo letras se halló lo que de cierto sabemos que hubo, así en lo del gobierno como en sojuzgar las tierras y naciones, porque debajo de una monarquía obedeciesen a un Señor que solo fuese soberano y digno para reinar en el imperio que los Incas tuvieron, que fueron más de 1.200 leguas de costas; así, por no variar en decir que unos dicen que ciertos dellos constituyeron lo uno, y otros lo otro, en lo cual muchos naturales varían, pondré en este lugar lo que yo entendí y tengo por cierto conforme a la relación que dello tomé en la ciudad del Cuzco y de las reliquias que vemos haber quedado destas cosas todos los que en el Perú habemos andado. Y no parezca a los lectores que en tomar esta orden salgo de la que al libro conviene que lleve; para que ellos con más claridad lo entiendan se pone, como declaro; y esto haré con gran brevedad, sin querer ocuparme en contar cosas menudas, de que siempre huyo; y así, con ella misma proseguiré en tratar el reinado de los Incas y la sucesión dellos, hasta que con la muerte de Huascar y entrada de los españoles se acabó. Y quiero que sepan los que esto leyeren que, entre todos los Incas, que fueron once, tres salieron entre ellos bastantísimos Para la gobernación de su señorío, que cuentan y no acaban los orejones de loarlos; y éstos no se parecieron en las condiciones tanto como en el juicio; los cuales son Huayna Cápac, Tupac Inca Yupanqui, su padre, e Inca Yupanqui, padre del uno y abuelo del otro. Y también se puede presumir que, como éstos fuesen tan modernos que está el reino lleno de indios que conocieron a Tupac Inca Yupanqui y con él anduvieron en las guerras y a sus padres oyeron lo que Inca Yupanqui hizo en el tiempo de su reinado, podría ser destas cosas, vistas[26] casi por los ojos, tener más lumbre para las poder contar; y lo sucedido a los otros señores, sus progenitores, haberse dello mucho olvidado. Aunque, cierto, para lo tener en la memoria y que no se pierda en muchos años tienen grande aviso, para no tener letras, que éstas ya tengo

---

26   *Ca no vistas* dice nuestro original.

escrito en la primera parte desta Crónica,[27] cómo no se han hallado en todo este reino ni aún en todo este orbe de las Indias. Y con tanto prosigamos lo comenzado.

Capítulo X. De cómo el Señor, después de tomada la borla del reino, se casaba con su hermana la Coya, que es nombre de reina; y como era permitido tener muchas mujeres, salvo que, entre todas, solo la Coya era la legítima y más principal

Conté brevemente en los Capítulo pasados cómo los que habían de ser nobles se armaban caballeros y también las ceremonias que se hacían en el tiempo que los Incas se coronaban por reyes tomando la corona, que es la borla que hasta los ojos les caía; y fue por ellos ordenado quel que hubiese de ser rey tomase a su hermana, hija legítima de su padre y madre, por mujer, para que la sucesión del reino fuese por esta vía confirmada en la casa real, pareciéndoles por esta manera que, aunque la tal mujer, hermana del rey, de su cuerpo no fuese casta y, usando con algún hombre, dél quedase preñada, era el hijo que naciese della y no de mujer extraña; porque también miraban que, aunque el Inca se casase con mujer generosa, queriendo podía hacer lo mismo y concebir con adulterio, de tal manera que, no siendo entendido, fuese tenido por hijo del señor y natural marido suyo. Por estas cosas, o porque les pareció a los que lo ordenaron que convenía, era ley entre los Incas que el señor que entre todos quedaba por emperador tomase a su hermana por mujer, la cual tenía por nombre Coya, que es nombre de reina y que ninguna se lo llamaba —como cuando un rey de España casa con alguna princesa que tiene su nombre propio y entrando en su reino es llamada reina, así llaman las que lo eran del Cuzco, Coya—. Y, si acaso el que había de ser tenido por señor no tenía hermana carnal, era permitido que casase con la señora más ilustre que hubiese, para que fuese entre todas sus mujeres tenida por la más principal; porque estos señores no había ninguno dellos que no tuviese más de setecientas mujeres para servicio de su casa y para sus pasatiempos; y así todos ellos tuvieron muchos hijos que habían en éstas que tenían por mujeres o mancebas y

---

27 Cap. XXXVIII, donde dice además, tres o cuatro veces, que tenia ya compuesta esta Segunda Parte de la Crónica, consagrada a los Incas, sus hechos, gobierno, etc.

eran bien tratadas por él y estimadas de los indios naturales; y aposentado el rey en su palacio, o por donde quier que iba, eran miradas y guardadas todas por los porteros y camayos, que es nombre de guardianes; y si alguna usaba con varón era castigada con pena de muerte, dándole a él la misma pena. Los hijos que los señores habían en estas mujeres, después que eran hombres, mandábanles proveer de campos y heredades, que ellos llaman chácaras, y que de los depósitos ordinarios les diesen ropas y otras cosas para su aprovechamiento, porque no querían dar señorío a éstos tales, porque en habiendo alguna turbación en el reino no quisiesen intentar de quedarse con él con la presunción de ser hijos del rey. Y así, ninguno tuvo mando sobre provincia, aunque, cuando salían a las guerras y conquistas, muchos dellos eran capitanes y preferidos a los que iban en los reales; y el señor natural que heredaba el reino los favorecía, puesto que si urdían algún levantamiento eran castigados cruelísimamente; y ninguno dellos hablaba con el rey, aunque más su hermano fuese, que primero no pusiese en su cerviz carga liviana y fuese descalza, como todos los demás del reino, a le hablar.

Capítulo XI. Cómo se usó entre los Incas que del Inca que hubiese sido valeroso, que hubiese ensanchado el reino o hecho otra cosa digna de memoria, la hubiese dél en sus cantares y en los bultos, y, no siendo sino remiso y cobarde, se mandaba que se tratase poco dél

Entendí, cuando en el Cuzco estuve,[28] que fue uso entre los reyes Incas que el rey que entre ellos era llamado Inca, luego como era muerto, se hacían los lloros generales y continuos y se hacían los otros sacrificios grandes, conforme a su religión y costumbre; lo cual pasado, entre los más ancianos del pueblo se trataba sobre qué tal había sido la vida y costumbres de su rey ya muerto y qué había aprovechado a la república o qué batalla había vencido que dado se hubiese contra los enemigos; y tratadas estas cosas entre ellos y otras que no entendemos por entero, se determinaban, si el rey difunto había sido tan venturoso, que dél quedase loable fama, para que por su valentía y buen gobierno mereciese que para siempre quedase entre

---

28   Por agosto de 1550.

ellos, mandaban llamar los grandes quipos-camayos, donde las cuentas se fenecen y sabían dar razón de las cosas que sucedido habían en el reino, para que éstos los comunicasen con otros quentrellos, siendo escogidos por más retóricos y abundantes de palabras, saben contar por buena orden cosa de lo pasado, como entre nosotros se cuentan por romances y villancicos; y éstos en ninguna cosa entienden que en aprender y saberlos componer en su lengua, para que sean por todos oídos en regocijos de casamientos y otros pasatiempos que tienen para aquel propósito. Y así, sabido lo que se ha de decir de lo pasado en semejantes fiestas de los señores muertos, y si se trata de guerra por el consiguiente, con orden galana cantaban de muchas batallas que en lugares de una y otra parte del reino se dieron; y, por el consiguiente, para cada negocio tenían ordenados sus cantares o romances que, viniendo a propósito, se cantasen para que por ellos se animase la gente con los oír y entendiesen lo pasado en otros tiempos, sin lo ignorar por entero. Y estos indios que por mandado de los reyes sabían estos romances eran honrados por ellos y favorecidos y tenían cuidado grande de los enseñar a sus hijos y a hombres de sus provincias los más avisados y entendidos que entre todos se hallaban; y así, por las bocas de unos lo sabían otros, de tal manera que hoy día entre ellos cuentan lo que pasó ha quinientos años como si fueran diez.

Y entendida la orden que se tenía para no se olvidar de lo que pasaba en el reino, es no saber que, muerto el rey dellos, si valiente había sido y bueno para la gobernación del reino, sin haber perdido provincia de las que su padre les dejó ni usado de bajezas ni poquedades ni hecho otros desatinos que los príncipes locos con la soltura se atreven a hacer en su señorío, era permitido y ordenado por los mismos reyes que fuesen ordenados cantares honrados y que en ellos fuesen muy alabados y ensalzados en tal manera que todas las gentes admirasen en oír sus hazañas y hechos tan grandes y que estos no siempre ni en todo lugar fuesen publicados ni apregonados, sino cuando estuviese hecho algún ayuntamiento grande de gente venida de todo el reino para algún fin y cuando se juntasen los señores princi- pales con el rey en sus tiempos y solaces o cuando hacían los taquis[29] o borracheras suyas. En estos lugares, los que sabían los romances, a voces

---

29 *Triquis*, en nuestro original.

grandes, mirando contra el Inca, le cantaban lo que por sus pasados había sido hecho; y si entre los reyes alguno salía remisio, cobarde, dado a vicios y amigo de holgar sin acrecentar el señorío de su imperio, mandaban que déstos tales hubiese poca memoria o casi ninguna; y tanto miraban ésto que si alguna se hallaba era por no olvidar el nombre suyo y la sucesión; pero en lo demás se callaba, sin cantar los cantares de otros que de los buenos y valientes. Porque tuvieron en tanto sus memorias que, muerto uno destos señores tan grandes, no aplicaba su hijo para sí otra cosa que el señorío, porque era ley entre ellos que la riqueza y el aparato real del que había sido rey del Cuzco no lo hubiese otro en su poder ni se perdiese su memoria; para lo cual se hacía un bulto de mano,[30] con la figura que ellos ponerle querían, al cual llamaban del nombre del rey ya muerto; y solían estos bultos ponerse en la plaza del Cuzco cuando se hacían sus fiestas y en rededor de cada bulto destos reyes estaban sus mujeres y criados, y venían todos, aparejándose allí su comida y bebida, porque el Demonio debía de hablar en aquellos bultos, pues que esto por ellos se usaba; y cada bulto tenía sus truhanes o decidores, que estaban con palabras alegres contentando al pueblo; y todo el tesoro que el señor tenía siendo vivo, estaba en poder de sus criados y familiares y se sacaba a las fiestas semejantes con gran aparato; sin lo cual, no dejaban de tener sus chácaras, que es nombre de heredades, donde cogían sus maíces y otros mantenimientos con que sustentaban las mujeres con toda la demás familia destos señores que tenían bultos y memorias, aunque ya eran muertos. Y, cierto, ésta usanza fue harta parte para que en este reino hubiese la suma tan grande de tesoros que se han visto por nuestros ojos; y a españoles conquistadores he oído que, cuando descubriendo las provincias del reino entraron en el Cuzco, había destos bultos, lo cual pareció ser verdad cuando dende a poco tiempo, queriendo tomar la borla Manco Inca Yupanqui, hijo de Huayna Cápac, públicamente fueron sacados en la plaza del Cuzco a vista de todos los españoles e indios que en ella en aquel tiempo estaban.

Verdad es que habían ya habido los españoles mucha parte del tesoro, y lo demás se escondió y puso en tales partes que pocos o ninguno debe

30   *Manto*, en n. orig.

saber dél; ni de los bultos ni otras cosas suyas grandes hay ya otra memoria que la que ellos dan y tienen en sus cantares.[31]

Capítulo XII. De cómo tenían cronistas para saber sus hechos y la orden de los quipos cómo fue y lo que dello vemos agora

Fue ordenado por los Incas lo que ya habemos escrito acerca del poner los bultos en sus fiestas y en que se escogiesen algunos de los más sabios dellos para que en cantares supiesen la vida de los señores qué tal había sido y cómo se habían habido en el gobierno del reino, para el efecto por mí dicho. Y es también de saber que, sin esto, fue costumbre dellos y ley muy usada y guardada de escoger a cada uno, en tiempo de su reinado, tres o cuatro hombres ancianos de los de su nación a los cuales, viendo que para ello eran hábiles y suficientes, les mandaba que todas las cosas que sucediesen en las provincias durante el tiempo de su reinado, ora fuesen prósperas, ora fuesen adversas, las tuviesen en la memoria y dellas hiciesen y ordenasen cantares, para que por aquel sonido se pudiese entender en lo futuro haber así pasado, con tanto que estos cantares no pudiesen ser dichos ni publicados fuera de la presencia del Señor; y eran obligados éstos que habían de tener esta razón durante la vida del rey no tratar ni decir cosa alguna de lo que a él tocaba, y luego que era muerto al sucesor en el imperio le decían, casi por estas palabras: «¡Oh Inca grande y poderoso, el Sol y la Luna, la Tierra, los montes y los árboles, las piedras y tus padres te guarden de infortunio y hagan próspero, dichoso y bienaventurado sobre todos cuantos nacieron! Sábete, que las cosas que sucedieron a tu antecesor son éstas». Y luego, en diciendo esto, los ojos puestos al suelo y bajadas las manos, con gran humildad le daban cuenta y razón y todo lo que ellos sabían; lo cual podrían muy bien hacer, porque entre ellos hay muchos de gran memoria, sutiles de ingenio y de vivo juicio y tan abastados de razones como hoy día somos testigos los que acá estamos y los oímos. Y así, dicho esto, luego que por el rey era entendido mandaba llamar a otros de sus

---

31   Veinte años después de escrito esto, el licenciado Polo de Ondegardo, daba con el escondrijo en que los indios ocultaron los dichos bultos, o sea los cuerpos de los Incas y Coyas embalsamados y envueltos en ropas, para tributarles secretamente los homenajes y ceremonias de costumbre.

indios viejos, a los cuales mandaba que tuviesen cuidado de saber los cantores que aquellos tenían en la memoria y de ordenar otros de nuevo de lo que pasaba en el tiempo de su reinado, y que las cosas que se gastaban y lo que las provincias contribuían se asentasen en los quipos, para que supiesen lo que daban y contribuían muerto él y reinando su progenitor. Y si no era un día de gran regocijo o en otro que hubiese lloro o tristeza por muerte de algún hermano o hijo del rey, porque éstos tales días se permitía contar su grandeza dellos y su origen y nacimiento, fuera destos a ninguno era permitido tratar dello, porque estaba así ordenado por los señores suyos y, si lo hacían, eran castigados rigurosamente.

Sin lo cual tuvieron otra orden para saber y entender cómo se había de hacer en la contribución, en las provincias de los mantenimientos, ora pasase el rey con el ejército, ora fuese visitado el reino, o que sin hacer nada desto se entendiese lo que entraba en los depósitos y pagaba a los súbditos, de tal manera que no fuesen agraviados, tan buena y sutil que excede en artificio a los carastes que usaron los mexicanos para sus cuentas y contratación. Y esto fue los quipos, que son ramales grandes de cuerdas anudadas, y los que desto eran contadores y entendían el guarismo destos nudos daban por ellos razón de los gastos que se habían hecho o de otras cosas que hubiesen pasado de muchos años atrás; y en estos nudos contaban de uno hasta diez y de diez hasta ciento y de ciento hasta mil; y en uno destos ramales está la cuenta de lo uno y en otro lo del otro, de tal manera esto que para nosotros es una cuenta donosa y ciega y para ellos singular. En cada cabeza de provincia había contadores a quien llamaban quiposcamayos,[32] y por estos nudos tenían la cuenta y razón de lo que habían de tributar los que estaban en aquel distrito, desde la plata, oro, ropa y ganado, hasta la leña y las otras cosas más menudas, y por los mismos quipos se daba a cabo de un año, o de diez o de veinte, razón a quien tenía comisión de tomar la cuenta, tan bien que un par de alpargatas no se podían esconder.

Yo estaba incrédulo en esta cuenta y, aunque lo oía afirmar y tratar, tenía lo más dello por fábula; y estando en la provincia de Jauja, en lo que

---

32 Propiamente *quippucamayoc*.

llaman Marcavillca,[33] rogué al señor Guacapora[34] que me hiciese entender la cuenta dicha de tal manera que yo me satisficiese a mi mismo, para estar cierto que era fiel y verdadera; y luego mandó a sus criados que fuesen por los quipos, y como este señor sea de buen entendimiento y razón para ser indio, con mucho reposo satisfizo a mi demanda y me dijo que, para que mejor lo entendiese, que notase que todo lo que por su parte había dado a los españoles desde que entró el gobernador don Francisco Pizarro en el valle estaba allí sin faltar nada: y así vi la cuenta del oro, plata, ropa que habían dado, con todo el maíz, ganado y otras cosas, que en verdad yo quedé espantado dello. Y es de saber otra cosa, que tengo para mí por muy cierto, según han sido las guerras largas y las crueldades, robos y tiranías que los españoles han hecho en estos indios, que si ellos no estuvieran hechos a tan grande orden y concierto totalmente se hubieran todos consumido y acabado; pero ellos, como entendidos y cuerdos y que estaban impuestos por príncipes tan sabios, entre todos determinaron que si un ejército de españoles pasase por cualquiera de las provincias, que si no fuera el daño que por ninguna vía se puede excusar, como es destruir las sementeras y robar las casas y hacer otros daños mayores que estos, que en lo demás todas las comarcas tuviesen en el camino real, por donde pasaban los nuestros, sus contadores, y éstos tuviesen proveimiento lo más amplio que ellos pudiesen, porque con achaque no los destruyesen del todo, y así eran proveídos; y después de salidos, juntos los señores, iban los quipos de las cuentas y por ellos, si uno había gastado más que otro, lo que menos habían proveído lo pagaban, de tal suerte que iguales quedasen todos.

Y en cada valle hay esta cuenta hoy día y siempre hay en los aposentos tantos contadores como en él hay señores y de cuatro en cuatro meses fenecen sus cuentas por la manera dicha. Y con la orden que han tenido han podido sufrir combates tan grandes que, si Dios fuese servido que del todo hubiesen cesado con el buen tratamiento que en este tiempo reciben y con la buena orden y justicia que hay, se restaurarían y multiplicarían, para que en alguna manera vuelva a ser este reino lo que fue, aunque yo creo que será tarde o nunca. Y es verdad que yo he visto pueblos, y pueblos bien

---

33 *Maycavilca*, en nuestro original, y *Maricabilca* en el cap. LXXXIV de la Primera Parte.
34 En n. orig. *Guacoa* (muy enmendado) *para que me*.

grandes, y de una sola vez que cristianos españoles pasen por él quedar tal que no parecía sino que fuego lo había consumido; y como las gentes no eran de tanta razón, ni unos a otros se ayudaban, perdíanse después con hambres y enfermedades, porque entre ellos hay poca caridad y cada uno es señor de su casa y no quiere más cuenta. Y esta orden del Perú débese a los señores que lo mandaron y supieron ponerla en todas las cosas tan grande como vemos los que acá estamos, por estas y otras cosas mayores. Y, con tanto, pasaré adelante.

Capítulo XIII. Cómo los Señores del Perú eran muy amados por una parte y temidos por otra de todos su súbditos y cómo ninguno de ellos aunque fuese gran señor muy antiguo en su linaje, podía entrar en su presencia si no era con una carga en señal de grande obediencia

Es de notar, y mucho, que como estos reyes mandaron tan grandes provincias y en tierra tan larga y en parte tan áspera y llena de montañas y de promontorios nevados y llanos de arena secos de árboles y faltos de agua, que era necesario gran prudencia para la gobernación de tantas naciones y tan distintas unas de otras en lenguas, leyes y religiones, para tenellas todas en tranquilidad y que gozasen de la paz y amistad con él; y así, no embargante que la ciudad del Cuzco era la cabeza de su imperio, como en muchos lugares hemos apuntado, de cierto en cierto término, como también diremos, tenían puestos sus delegados y gobernadores, los cuales eran los más sabios, entendidos y esforzados que hallarse podían y ninguno tan mancebo que ya no estuviese en el postrer tercio de su edad. Y como le fuesen fieles y ninguno osase levantarse, y tenía de su parte a los mitimaes, ninguno de los naturales, aunque más poderoso fuese, osaba intentar ninguna rebelión; y, si alguna intentaba, luego era castigado el pueblo donde se levantaba, enviando presos los movedores al Cuzco. Y desta manera eran tan temidos los reyes que, si salían por el yermo y permitían alzar algún paño de los que iban en las andas, para dejarse ver de sus vasallos, alzaban tan gran alarido que hacían caer las aves de lo alto donde iban volando a ser tomadas a manos; y todos le temían tanto que de la sombra que su persona hacía no osaban decir mal. Y no era esto solo: pues es cierto que si algunos de sus capitanes o criados salían a visitar alguna parte del reino para algún efecto le salían a recibir al camino con grandes presentes no osando, aunque fuese solo, dejar de cumplir en todo y por todo el mandamiento dellos.

Tanto fue lo que temieron a sus príncipes en tierra tan larga que cada pueblo estaba tan asentado y bien gobernado como si el Señor estuviera en él para castigar los que lo contrario hiciesen. Este temor pendía del valor que había en los señores y de su misma justicia, que sabían que por parte de ser ellos malos, si lo fuesen, luego el castigo se había de hacer en los que lo fuesen, sin que bastase ruego ni cohecho ninguno. Y como siempre los Incas hiciesen buenas obras a los que estaban puestos en su señorío, sin consentir que fuesen agraviados ni que les llevasen tributos demasiados ni que les fuesen hechos otros desafueros, sin lo cual, muchos que tenían provincias estériles y que en ellas sus pasados habían vivido con necesidad, les daban orden que las hacían fértiles y abundantes, proveyéndoles de las cosas que en ella había necesidad; y en otras donde había falta de ropa, por no tener ganados, se los mandaban dar con gran liberalidad. En fin, entendíase que, así como estos señores se supieron servir de los suyos y que les diesen tributos, así ellos les supieron conservar las tierras y traellos de bastos a muy políticos y de desproveídos que no les faltase nada; y con estas buenas obras, y con que siempre el Señor a los principales daba mujeres y preseas ricas, ganaron tanto las gracias de todos que fueron dellos amados en extremo grado, tanto que yo me acuerdo por mis ojos haber visto a indios viejos, estando a vista del Cuzco, mirar contra la ciudad y alzar un alarido grande, el cual se les convertía en lágrimas salidas de tristeza contemplando el tiempo presente y acordándose del pasado, donde en aquella ciudad por tantos años tuvieron señores de sus naturales, que supieron atraellos a su servicio y amistad de otra manera que los españoles.

Y era usanza y ley inviolable entre estos señores del Cuzco, por grandeza y por la estimación de la dignidad real, que estando él en su palacio o caminando con gente de guerra o sin ella, que ninguno, aunque fuese de los más grandes y poderosos señores de todo su reino, no había de entrar a le hablar ni estar delante de su presencia sin que primero, tirándose los zapatos, que ellos llaman oxotas, se pusiese en sus hombros una carga para entrar con ella a la presencia del Señor, en lo cual no se tenia cuenta que fuese grande ni pequeña, porque no era por más de que supiesen el reconocimiento que habían de tener a los señores suyos; y entrando dentro, vueltas las espaldas al rostro del Señor; habiendo primero hecho reverencia, quellos llaman mocha, dice a lo que viene o oye lo que les mandado. Lo cual pasado, si quedaba en la Corte por algunos días y era persona de cuenta, no entraba más con la carga; porque siempre estaban los que venían de las provincias en la presencia del Señor en convites y en otras cosas que por ellos eran hechas.

Capítulo XIV. De cómo fue muy grande la riqueza que tuvieron y poseyeron los reyes del Perú y cómo mandaban asistir siempre hijos de los señores en su Corte

Por la gran riqueza que habemos visto en estas partes podremos creer ser verdad lo que dice de las muchas que tuvieron los Incas; porque yo creo, lo que ya muchas veces tengo afirmado, que en el mundo no hay tan rico reino de metal, pues cada día se descubren tan grandes veneros, así de oro como de plata; y como en muchas partes de las provincias cogiesen en los ríos oro y en los cerros sacasen plata y todo era por un rey, pudo tener y poseer tanta grandeza; y dello yo no me espanto de estas cosas, sino cómo toda la ciudad del Cuzco y los templos suyos no eran hechos los edificios de oro puro. Porque lo que hace a los príncipes tener necesidad y no poder atesorar dineros es la guerra; y desto tenemos claro ejemplo en lo que el Emperador ha gastado desde el año que se coronó hasta éste; pues habiendo mas plata y oro que hubieron los reyes de España desde el rey don Rodrigo hasta él, ninguno dellos tuvo tanta necesidad como S. M.; y si no tuviera guerras y su asiento fuera en España, verdaderamente, con sus rentas y con lo que ha venido de las Indias, toda España estuviera tan llena de tesoros como lo estaba el Perú en tiempo de sus reyes.

Y esto tráigolo a comparación, que todo lo que los Incas habían lo gastaban no en otra cosa que arreos de su persona y ornamento de los templos y servicio de sus casas y aposentos; porque en las guerras las provincias les daban toda la gente, armas y mantenimientos que fuese necesario, y si a alguno de los mitimaes daban algunas pagas de oro en alguna guerra que ellos tuviesen por dificultosa era poca y que en un día lo sacaban de las minas; y como preciaron tanto la plata y oro, y por ellos fuese tan estimada, mandaban sacar en muchas partes de las provincias cantidad grande della, de la manera y con la orden que adelante se dirá.

Y sacando tanta suma y no pudiendo el hijo dejar que la memoria del padre, que se entiende su casa y familiares con su bulto, estuviese siempre entera, estaban de muchos años allegados tesoros, tanto que todo el servicio de la casa del rey, así de cántaros para su uso como de cocina, todo era oro y plata; y esto no en un lugar y en una parte lo tenía sino en muchas, especialmente en las cabeceras de las provincias, donde había muchos plateros, los cuales trabajaban en hacer estas piezas; y en los palacios, y aposentos suyos había planchas destos metales y sus ropas llenas de argentería y desmeraldas y turque esas y otras piedras preciosas de gran valor. Pues para sus mujeres tenían mayores riquezas para ornamento y servicio de sus personas y sus andas todas estaban engastonadas en oro y plata y pedrería. Sin ésto, en los depósitos había grandísima cantidad de oro en tejuelos y de plata en pasta y tenían mucha chaquita, que es en extremo menuda, y otras joyas muchas y grandes para sus taquis y borracheras; y para los sacrificios eran más lo que tenían destos tesoros; y como tenían y guardaban aquella ceguedad de enterrar con los difuntos tesoros es de creer que, cuando se hacían los osequias y entierros destos reyes, que sería increíble lo que meterían en las sepulturas. En fin, sus atambores y asentamientos e instrumentos de música y armas para ellos eran deste metal; y por engrandecer su señorío, pareciéndoles que lo mucho que digo era poco, mandaban por ley que ningún oro ni plata que entrase en la ciudad del Cuzco della pudiese salir, so pena de muerte, lo cual ejecutaban luego en quien lo quebrantaba; y con esta ley, siendo lo que entraba mucho y no saliendo nada, había tanto que, si cuando entraron los españoles se dieran otras mañas y tan presto no ejecutaran su crueldad en dar la muerte a Atahuallpa, no sé qué navíos bastaran a traer a las Españas tan grandes tesoros como están perdidos en las entrañas de la tierra y estarán, por ser ya muertos los que lo enterraron.

Y como se tuviesen en tanto estos Incas, mandaron más, que en todo el año residiesen en su corte hijos de los señores de las provincias de todo el reino, porque entendiesen la orden della y viesen su majestad grande y fuesen avisados cómo le habían de servir y obedecer de que heredasen sus señoríos y curacazgos; y si iban los de unas provincias, venían los de otras. De tal manera se hacía esto que siempre estaba su corte muy rica y acompañada; porque, sin esto, nunca dejaban destar con él muchos caballeros de los orejones y señores de los ancianos, para tomar consejo en lo que se había de proveer y ordenar.

Capítulo XV. De cómo se hacían los edificios para los Señores y los caminos reales para andar por el reino

Una de las cosas de que yo más me admire, contemplando y notando las cosas deste reino, fue pensar cómo y de qué manera se pudieron hacer caminos tan grandes y soberbios como por él vemos y qué fuerzas de hombres bastaran a los hacer y con qué herramientas e instrumentos pudieron allanar los montes y quebrantar las peñas, para hacerlos tan anchos y buenos como están; porque me parece que si el Emperador quisiese mandar hacer otro camino real, como el que va del Quito a Cuzco o sale de Cuzco para ir a Chile, ciertamente creo, con todo su poder para ello no fuese poderoso ni fuerzas de hombres le pudiesen hacer si no fuese con la orden tan grande que para ello los Incas mandaron que hubiese. Porque si fuera camino de 50 leguas, o de 100 o 200, es de creer que aunque la tierra fuese más áspera no se tuviera en mucho, con buena diligencia, hacerlo; mas estos eran tan largos, que había alguno que tenía más de 1.100 leguas, todo echado por sierras tan agras y espantosas que por algunas partes mirando abajo se quitaba la vista, y algunas destas sierras derechas y llenas de piedras, tanto que era menester cavar por las laderas en peña viva para hacer el camino ancho y llano; todo lo cual hacían con el fuego y con sus picos. Por otros lugares había subidas tan altas y ásperas que salían de lo bajo escalones para poder subir por ellos a lo más alto, haciendo entre medias dellos algunos descansos anchos ara el reposo de las gentes. En otros lugares había montones Se nieve, que era más de temer, y ésto no en un lugar sino en muchas partes, y no así como quiera, sino que no va ponderado ni encarecido como ello es ni como lo vemos; y por estas nieves, y por donde había montañas de árboles y céspedes, lo hacían llano y empedrado si menester fuese.

Los que leyeren este libro y hubieren estado en el Perú miren el camino que va desde Lima a Jauja por las sierras tan ásperas de Huarochiri[35] y por la montaña nevada de Pariacaca[36] y entenderán, los que a ellos lo oyeren, si es mas lo que ellos vieron que no lo que yo escribo; y, sin esto, acuérdense de la ladera que abaja al río de Apurímac,[37] y cómo viene el camino por las sierras de los Paltas, Cajas y Ayauacas[38] y otras partes deste reino, por donde el camino va tan ancho como quince pies, poco más o menos; y en tiempo de los reyes estaba limpio, sin que hubiese ninguna piedra ni hierba nacida, porque siempre se entendía en lo limpiar; y en lo poblado, junto a el había grandes palacios y alojamiento para la gente y guerra, y por los desiertos nevados y de campaña había aposentos donde se podían muy bien amparar de los fríos y de las lluvias; y en muchos lugares, como es en el Collao[39] y en otras partes, había señales de sus leguas, que eran como los mojones de España con que parten los términos, salvo que son mayores y mejor hechos los de acá. A estos tales llaman topos y uno dellos es una legua y media de Castilla.[40]

Entendido de la manera que iban hechos los caminos y la grandeza dellos, diré con la facilidad que eran hechos por los naturales, sin que les recreciese muerte ni trabajo demasiado; y era que, determinado por algún rey que fuese hecho alguno destos caminos tan famosos, no era menester muchas provisiones ni requerimientos ni otra cosa que decir el rey hágase esto, porque luego los veedores iban por las provincias marcando la tierra y los indios que había de[41] una a otra, a los cuales mandaba que hiciesen

---

35 *Guayachire*, en nuestro original.

36 *Pavacaca*, en n. orig.

37 *Apurama*, en n. orig.

38 *Paltasçaxas Yayavacas*, en n. orig.

39 *Catlao*, en n. orig.

40 *Topo* o *Tupu*, es tambien medida en general y agraria, representando en este caso la porción o unidad de tierra que a cada vasallo mandaban repartir los incas. Dicha porción era de sesenta pasos de largo por cincuenta de ancho; y como medida se conservó y admitió en algunas comarcas del Perú, hasta el siglo XVIII por lo ménos.

41 *Iba*, en n. orig.

los tales caminos; y así se hacían desta manera, que una provincia hacía hasta otra a su costa y con sus indios y en breve tiempo lo dejaban como se lo pintaba; y otras hacían lo mismo y aún, si era necesario, a un tiempo se acababa gran parte del camino o todo él; y si allegaban a los despoblados los indios de la tierra adentro que estaban más cercanos venían con vituallas y herramientas a los hacer, de tal manera que con mucha alegría y poca pesadumbre era todo hecho; porque no les agraviaban en un punto, ni los Incas ni sus criados les metían en nada.

Sin todo esto se hicieron grandes calzadas de excelente edificio, como es la que pasa por el valle de Xaquixaguana y sale de la ciudad del Cuzco y va por el pueblo de Muhina. Destos caminos reales había muchos en todo el reino, así por la sierra como por los llanos. Entre todos, cuatro se tienen por los más importantes, que son los que salían de la ciudad del Cuzco, de la misma plaza de ella como crucero, a las provincias del reino, como tengo escrito en la Primera parte desta Crónica, en la fundación del Cuzco;[42] y por tenerse en tanto los señores, cuando salían por estos caminos sus Personas reales con la guarda convenible iban por uno y por otro la demás gente; y aún en tanto tuvieron su poderío que muerto uno de ellos, el hijo, habiendo de salir a alguna parte larga, se le hacía camino por sí mayor y más ancho que el de su antecesor; más ésto era si salía (a) alguna conquista el tal rey o a hacer cosa digna de tal memoria que se pudiese decir que por aquello era más largo el camino que para él se hizo. Y esto vemos claro, porque yo he visto junto a Vilcas tres o cuatro caminos; y aún una vez me perdí por el uno, creyendo que iba por el que agora se usa; y a éstos llaman, al uno camino del Inca Yupanqui y al otro de Tupac Inca; y el que agora se usa y usará para siempre es el que mandó hacer Huaina Cápac, que llegó acerca del río de Angasmayo al Norte y al Sur mucho adelante de lo que agora llamamos Chile; caminos tan largos, que había de una parte a otra más de 1.200 leguas.

Capítulo XVI. Cómo y de qué manera se hacían las cazas reales por los Señores del Perú

---

42 Cap. XCII.

En la primera parte[43] conté ya cómo en este reino del Perú había suma grandísima de ganado doméstico y bravo, urcos, carneros y pacos, vicuñas y ovejas, llamas, en tanta manera que así lo poblado como lo que no lo era andaba lleno de grandes manadas; porque por todas partes había y hay excelentes pastos para que bien se pudiese criar. Y es de saber que, aunque había tanta cantidad, era mandado por los reyes que so graves penas ninguno osase matar ni comer hembra ninguna. Y, si lo quebrantaban, luego eran castigados y con este temor no lo osaban comer. Multiplicábanse tanto que es de no creer lo mucho que había en el reino cuando los españoles entraron en él; y lo principal porque esto se mandaba es porque hubiese abasto de lanas para hacer ropas; porque, cierto, en muchas partes, si faltase del todo este ganado, no se como podrían las gentes guarecerse del frío, Por la falta que tenían de lanas para hacer ropas. Y así, con esta orden, eran muchos los depósitos que por todas partes había llenos de ropa, así para la gente de guerra como para los demás naturales; y la más desta ropa se hacía de la lana del ganado de los guanacos y vicuñas.

Y cuando el Señor quería hacer alguna caza real, es de oír lo mucho que se mataba y tomaba a manos de los hombres; y tal día hubo que se tomó más de treinta mil cabezas de ganado; mas cuando el rey lo tomaba por pasatiempo y salía para ello de propósito, poníanle las tiendas en el lugar que a él les parecía; porque como fuese en lo alto de la serranía, en ninguna parte dejaba de haber este ganado y tanto como habemos dicho; de donde, habiéndose ya juntado cincuenta o sesenta mil personas, o cien mil si mandado les era, cercaban los breñales y campanas de tal manera que con el ruido que iban haciendo en el resonido de sus voces bajaban de los altos a lo más llano, en donde poco a poco se vienen juntando unos hombres con otros hasta quedar asidos de las manos, y en el redondo que con sus propios cuerpos hacían está la caza detenida y represada y el Señor puesto en la parte que a él más le place, para ver la matanza que della se hace. Y, entrando otros indios con unos que se llaman ayllos, que es para prender por los pies, y otros con bastones y porras, comienzan de tomar y matar; y como hay tan gran cantidad de ganado detenido y entre ellos tantos de

---

43 Cap. CXI, acompañado con un excelente dibujo grabado en madera, que quizá sea la primera representación gráfica de estos animales que se ha publicado en Europa.

los guanacos, que son algunos mayores que pequeños asnillos, largos de pescuezos como camellos, procuran la salida echando por la boca la roña que tienen[44] en los rostros de los hombres y con hender por donde pueden con grandes saltos. Y cierto se dice, que es cosa despanto ver el ruido tan grande que tienen los indios por les tomar y el estruendo que ellos hacen para salir, tanto que se oye gran trecho de donde pasa. Y si el rey quiere matar alguna caza sin entrar en la rueda que está hecha lo hace como a él le place.[45]

Y en estas cazas reales se gastaban muchos días; y muerta tanta cantidad de ganado, luego se mandaba por los veedores llevar la lana de todo ello a los depósitos o a los templos del Sol, para que las mamaconas entendiesen en hacer ropas finísimas para los reyes, que lo eran tanto que parecían de sargas de seda, y con colores tan perfectos cuanto se puede afirmar. La carne de esto que sacaban, della comían los que estaban allí con el rey y della se secaba al Sol,[46] pata tener puesta en los depósitos para proveimiento de la gente de guerra; y todo este ganado se entiende que era de lo montesino y no ninguno de lo doméstico. Tomábase entre ellos muchos venados y biscachas, raposas y algunos osos y leones pequeños.

Capítulo XVII. Que trata la orden que tenían los Incas y cómo en muchos lugares hacían de las tierras estériles fértiles, con el proveimiento que para ello daban

Una de las cosas de que más se tiene envidia a estos señores es entender cuán bien supieron conquistar tan grandes tierras y ponellas, con su prudencia, en tanta razón como los españolas las hallaron cuando por ellos fue descubierto este nuevo reino; y de que esto sea así muchas veces me acuerdo yo, estando en alguna provincia indómita fuera destos reinos, oír luego a los mismos españoles: «Yo seguro que, si los Incas anduvieran por aquí, que otra cosa fuera esto»; es decir, no conquistaron los Incas esto

---

44 Escupiendo simplemente con fuerza la saliva. Aún hoy día existe en Chile la preocupación de que lo hacen por ser su saliva venenosa y ofender con ella al que los acosa o molesta; y no faltan en Madrid personas que crean lo mismo de los que existen en el Parque del Retiro y yo traje de Santiago de Chile.

45 Esta cacería se llamaba *chaco*.

46 Es el *charqui*, que hoy se hace de llama, de huanacu y tambien de vaca.

como lo otro, porque supieran servir y tributar. Por manera que, cuanto a esto, conocida está la ventaja que nos hacen, pues con su orden las gentes vivían con ella y crecían en multiplicación y de las provincias estériles hacían fértiles y abundantes en tanta manera y por tan galana orden como se dirá.

Siempre procuraron de hacer por bien las cosas y no por mal en el comienzo de los negocios; después, algunos Incas hicieron grandes castigos en muchas partes; pero antes, todos afirman que fue grande la benevolencia y amicicia con que procuraban el atraer a su servicio estas gentes. Ellos salían del Cuzco con su gente y aparato de guerra y caminaban con gran concierto hasta cerca de donde habían de ir y querían conquistar, donde muy bastantemente se informaban del poder que tenían los enemigos y de las ayudas que podían tener y de qué parte les podrían venir favores, y por qué camino; y esto entendido por ellos procuraban por las vías a ellos posibles estorbar que no fuesen socorridos, ora con dones grandes que hacían, ora con resistencias que ponían; entendiendo, sin esto, de mandar hacer sus fuertes, los cuales eran en cerros o laderas, hechos en ellos ciertas cercas altas y largas con su puerta cada una, porque perdida la una pudiesen pasarse a la otra y de la otra hasta lo más alto. Y enviaban escuchas de los confederados para marcar la tierra y ver los caminos y conocer el arte que estaban aguardando y por dónde había más mantenimiento; y, sabiendo por el camino que habían de llevar y la orden con que habían de ir, enviábales mensajeros propios, con los cuales les enviaba decir quél quería tenerlos por parientes y aliados: por tanto, que con buen ánimo y corazón alegre saliesen a lo recibir y recibirlo en su provincia, para que en ella le sea dada la obediencia, como en las demás; y, por que lo hagan con voluntad, enviaba presentes a los señores naturales.

Y con esto, y con otras buenas maneras que tenían, entraron en muchas tierras sin guerra, en las cuales mandaba a la gente de guerra con él iba que no hiciesen daño ni injuria ninguna, ni robo ni fuerza; y si en esta provincia no había mantenimientos mandaba que de otras partes se proveyese; porque a los nuevamente venidos a su servicio no les pareciese desde luego pesado su mando y conocimiento, y el conocelle y aborrecelle fuese en un tiempo. Y si en alguna destas provincias no había ganado, luego mandaba que le diesen por cuenta tantas mil cabezas, lo cual mandaban que mirasen mucho y con ello multiplicasen, para proveerse de lana para sus ropas; y que no fuesen osados de comer ni matar ninguna cría por los años y tiempo que les señalaba. Y si había ganado y tenían de otra cosa falta, era lo mismo; y si estaban en collados y breñales, bien les hacían entender con buenas palabras que hiciesen pueblos y casas en lo más llano de las sierras y laderas; y con muchos no eran diestros en cultivar las tierras, avezábanles cómo lo habían de hacer, imponiéndoles en que supiesen sacar acequias y regar con ellas los campos.

En todo lo sabían proveer tan acertadamente que, cuando entraba por amistad alguno de los Incas en provincias de éstas, en breve tiempo quedaba tal que parecía otra y los naturales le daban la obediencia, consintiendo que sus delegados quedasen en ellas y lo mismo los mitimaes. En otras muchas que entraron de guerra y por fuerza de armas mandábase que en los mantenimientos y casas de los enemigos se hiciese poco daño, diciéndoles el Señor: «presto serán estos nuestros como los que ya lo son». Como esto tenían conocido procuraban que la guerra fuese la más liviana que ser pudiese, no embargante que en muchos lugares se dieron grandes batallas, porque todavía los naturales dellos querían conservarse en la libertad antigua, sin perder sus costumbres y religión por tomar otras extrañas; mas, duran lo la guerra, siempre habían los Incas lo mejor, y vencidos, no los destruyan de nuevo, antes mandaban restituir los presos si algunos había y el despojo y ponerlos en posesión de sus haciendas y señorío, amonestándoles que no quieran ser locos en tener contra su persona real competencia ni dejar su amistad, antes quisieran ser sus amigos como lo son los comarcanos suyos. Y, diciendo esto, dábanles algunas mujeres hermosas y piezas ricas de lana o de metal de oro.

Con estas dádivas y buenas palabras había las voluntades de todos, de tal manera que sin ningún temor los huidos a los montes se volvían a sus casas y todos dejaban las armas; y el que más veces vía al Inca se tenía por bien aventurado y dichoso.

Los señoríos nunca los tiraban a los naturales. A todos mandaban unos y otros que por Dios adorasen el Sol; sus demás religiones y costumbres no se las prohibían, pero mandábanles que se gobernasen por las leyes y costumbres que usaban en el Cuzco y que todos hablasen la lengua general.

Y puesto gobernador por el Señor con guarniciones de gente de guerra, parten para lo de adelante; y si estas provincias eran grandes luego se entendía en edificar templo del Sol y colocar las mujeres que ponían en los demás y hacer palacios para los señores; y cobraban los tributos que habían de pagar, sin llevarles nada demasiado ni agravialles en cosa ninguna, encaminándoles en su pulicía y en que supiesen hacer edificios, traer ropas largas y vivir concertadamente en sus pueblos; a los cuales si algo les faltaba de que tuviesen necesidad, eran proveídos y enseñados cómo lo habían de sembrar y beneficiar. De tal manera se hacía esto, que sabemos en muchos lugares que no había ganado lo hubo, y mucho, desdel tiempo que los Incas lo sojuzgaron; y en otros que no había maíz, tenello después sobrado. Y en todo lo demás andaban como salvajes, mal vestidos y descalzos, y desde que conocieron a estos señores usaron de camisetas, lazos y mantas, y las mujeres lo mismo, y de otras buenas cosas, tanto que para siempre habrá memoria de todo ello. Y en el Collao y en otras partes mandó pasar mitimaes a la sierra de los Andes, para que sembrasen maíz y coca y otras frutas raíces de todos los pueblos la cantidad conveniente; los cuales con sus mujeres vivían siempre en aquella parte donde sembraban y cogían tanto de lo que digo que se sentía poco la falta, por traer mucho destas partes y no haber pueblo ninguno, por pequeño que fuese, que no tuviese destos mitimaes. Adelante trataremos cuantas suertes había destos mitimaes y [qué] hacían los unos y entendían los otros.

Capítulo XVIII. Que trata la orden que había en el tributar las provincias a los reyes y del concierto que en ello se tenía

Pues en el Capítulo pasado escribí la manera que en sus conquistas los Incas tuvieron, será bien decir en éste cómo tributaban tantas naciones y cómo en el Cuzco se entendía lo que venía de los tributos. Pues, es cosa muy notoria y entendida, ningún pueblo de la sierra ni valle de llanos dejó de pagar el tributo de derrama que le era impuesto por los que para ello tenían cargos; y aún tal provincia hubo que, diciendo los naturales no tener con qué pagar tributo, les mandó el rey que cada persona de toda ella fuese obligada de le dar cada cuatro meses un canuto algo grande lleno de piojos vivos, lo cual era industria del Inca para imponellos y avisallos en el saber tributar y contribuir; y así, sabemos que pagaron su tributo de piojos algunos días hasta que, habiéndoles mandado dar ganado, procurar de lo criar y hacer ropas y buscar con que tributar para el tiempo de adelante.

Y la orden que los orejones del Cuzco y los más señores naturales de la tierra dicen que se tenía en el tributar, era ésta: que desde la ciudad del Cuzco, el que reinaba enviaba algunos principales criados de su casa a visitar por el uno de los cuatro reales caminos que salen de aquella ciudad, que ya tengo escrito[47] llamarse Chincha Suyo el uno, en el cual entran las provincias que hay hasta Quito, con todos los llanos de Chincha para abajo hacia el Norte; y el segundo se llama Conde Suyo, que es donde se incluyen las regiones y provincias que están hacia la mar del Sur y muchas de la serranía; al tercero llaman Colla Suyo, que es por donde contaron todas las provincias que hay hacia la parte del Sur hasta Chile. El último camino llaman Ande Suyo;[48] por este van a todas las tierras que están en las montañas de los Andes, que se extiende en las faldas y vertientes dellas.

Pues como el Señor quisiese saber lo que habían de tributar todas las provincias que había del Cuzco hasta Chile, camino tan largo como muchas veces he dicho, mandaba salir, como digo, personas fieles y de confianza, las cuales iban de pueblo en pueblo mirando el traje de los naturales y posibilidad que tenían y la grosedad de la tierra o si en ellas había ganados, metales o mantenimientos o de las demás cosas quellos querían y estimaban, lo cual mirado con mucha diligencia volvían a dar cuenta al Señor de todo ello; el cual mandaba hacer Cortes generales y que acudiesen a ellas los principales del reino. Y estando allí los señores de las provincias que le habían de tributar, les hablaba amorosamente que, pues le tenían por solo Señor y monarca de tantas tierras y tan grandes, que tuviesen por bien, sin recibir pesadumbre, de le dar los tributos debidos a la persona real, el cual él quería que fuesen moderados y tan livianos que ellos fácilmente lo pudiesen hacer. Y respondídole conforme a lo que él deseaba, tornaban a salir de nuevo con los mismos naturales algunos orejones a imponer el

---

47   Cap. XCII de la Primera parte.
48   *De suyo*, en n. orig.

tributo que habían de dar; el cual era en algunas partes más que el que dan [a] los españoles en este tiempo; pero con la orden tan grande que se tenía en lo de los Incas, era para no sentirlo la gente y crecer en multiplicación; y con la desorden y demasiada codicia de los españoles se fueron disminuyendo en tanta manera que falta la mayor parte de la gente. Y del todo se acabara de consumir por su codicia y avaricia que los más o todos acá tenemos, si la misericordia de Dios no lo remediara con permitir que las guerras hayan cesado, que es cierto se han de tener por azotes de su justicia, y que la tasación se haya hecho de tal manera y moderación que los indios con ella gozan de gran libertad y son señores de sus personas y haciendas, sin tener más pecho ni subsidio que pagar cada pueblo lo que le ha sido puesto por tasa. Esto trataré adelante, un poco mas largo.[49]

Visitando los que por los Incas son enviados las provincias, entrando en una, en donde ven por los quipos la gente que hay, así hombres como mujeres, viejos y niños en ella[50] y mineros de oro o plata, mandaban a la tal provincia que, puestos en las minas tantos mil indios, sacasen de aquellos metales la cantidad que les señalaban, mandando que lo diesen y entregasen a los veedores que para ello ponían; y porque en el inter que andaban sacando p ata los indios que eran señalados no podían beneficiar sus heredades y campos, los mismos Incas ponían por tributo a otras provincias que les viniesen a les hacer la sementera a sus tiempos y coyuntura, de tal manera que no quedase por sembrar; y si la provincia era grande della misma salían indios a coger metales y a sembrar y labrar las tierras; y mandábase que, si estando en las minas adoleciese alguno de los indios, que luego se fuese a su casa y viniese otro en su lugar; mas que ninguno cogiese metales que no fuese casado, para que sus mujeres le aderezasen el mantenimiento y su brebaje; y sin esto, se guardaba de enviar mantenimientos bastantes a estos tales. De tal manera se hacía que, aunque toda su vida estuvieran en las minas, no lo tuvieran por gran trabajo ni ninguno moría por dárselo demasiado. Y sin todo esto, en el mes le era permitido dejar de trabajar algunos días, para sus fiestas y solaces; y no unos [mismos] indios estaban a

---

49   Así en la copia del Escorial. Yo entiendo que debe decir: *esto trataré adelante un poco más largo.*

50   *Sin ella*, en n. orig.

la continua en los mineros, sino de tiempo a tiempo los mandaban, saliendo unos y entrando otros.

Tal manera tuvieron los Incas en ésto que les sacaban tanto oro y plata en todo el reino que debió de haber año que les sacaron más de cincuenta mil arrobas de plata y más de quince mil de oro y siempre sacaban destos metales para servicio suyo. Y estos metales eran traídos a las cabeceras de las provincias, y de la manera y con la orden con que los sacaban en las unas los sacaban en las otras de todo el reino; y si no había metal para sacar en otras tierras, para que pudiesen contribuir, echaban pechos y derramas de cosas menudas y de mujeres y muchachos, los cuales se sacaban del pueblo sin ninguna pesadumbre, porque si un hombre tenía un solo hijo o hija, éste tal no le tomaban, pero si tenía tres o cuatro, tomábales una para pagar el servicio.

Otras tierras contribuían con tantas mil cargas de maíz como en ella había casas, lo cual se daba cada cosecha[51] y a costa de la misma provincia. En otras regiones proveían por la misma orden de tantas cargas de chuño[52] seco como los otros hacían maíz; lo cual hacían otros y contribuían de quínua[53] y de las otras raíces. En otros lugares daban cada uno tantas mantas como indios en él había casados y en otros tantas camisetas como eran cabezas. En otros se echaba por imposición que contribuyesen con tantas mil cargas de lanzas y otras con hondas y ayllos con todas las demás armas que ellos usan. A otras provincias mandaban que diesen tantos mil indios puestos en el Cuzco, para que hiciesen los edificios públicos de la ciudad y los de los reyes, proveyéndoles de mantenimiento necesario. Otros tributaban maromas para llevar las piedras, otros tributaban coca. De tal manera se hacía esto que, desde lo más menudo hasta lo más importante, les tributaban a los Incas todas las provincias y comarcas del Perú; en lo cual hubo tan grande orden, que ni los naturales dejaban de pagar lo ya debido e impuesto, ni los que cogían los tales tributos osaban llevar un grano de maíz demasiado. Y todo el mantenimiento y cosas pertenecientes para el proveimiento de la guerra que se contribuían, se despendía en la

---

51 *Cosa hecha*, en n. orig.
52 *Chumo*, en n. orig. Es la patata seca después de helada.
53 *Quimia*, en n. orig. (*Chenopodium quinoa*).

gente de guerra o en las guarniciones ordinarias que estaban puestas en partes del reino para la defensa dél. Y cuando no había guerra, lo más de todo lo comían y gastaban los pobres, porque estando los reyes en el Cuzco ellos tenían sus anaconas,[54] que es nombre de criado perpetuo, y tantos que bastaban a labrar sus heredades y sus casas y sembrar tanto mantenimiento que bastase, sin lo que para su plato se traía de las comarcas siempre, muchos corderos y aves y pescado y maíz, coca, raíces, con todas las frutas que se cogen. Y tal orden había en estos tributos que los naturales los pagaban y los Incas se hallaban tan poderosos que no tenían guerra ninguna que se recreciese.

Para saber cómo y de qué manera se pagaban los tributos y se cogían las otras derramas, cada guata, que es nombre de año, despachaba ciertos orejones como jueces de comisión, porque no llevaban poder de más de mirar las provincias y avisar a los moradores si alguno estaba agraviado lo dijese y se quejase, para castigar a quien le hubiese hecho alguna sinjusticia; y, recibidas las quejas si las había o entendido si en alguna parte algo se dejaba por pagar, daba la vuelta al Cuzco, de donde salía otro con poder para castigar quien tuviese culpa. Sin esta diligencia se hacía otra mayor, que era que de tiempo a tiempo parecían los principales de las provincias, donde, el día que a cada nación le era permitido hablar, proponía delante del Señor el estado de la provincia y la necesidad o hartura que en ella había y el tributo si era mucho o poco o si lo podían pagar o no; a lo cual eran despachados a su voluntad, estando ciertos los señores incas que no mentían, sino que les decían la verdad; porque si había cautela hacían gran castigo y acrecentaban el tributo. Las mujeres que daban las provincias, dellas las traían al Cuzco para que lo fuesen de los reyes y dellas dejaban en el templo del Sol.

Capítulo XIX. De cómo los reyes del Cuzco mandaban que se tuviese cuenta en cada año con todas las personas que morían y nacían en todo su reino y cómo todos trabajaban y ninguno podía ser pobre con los depósitos

---

54 Propiamente *Yanacunas*.

Para muchos efectos concuerdan los orejones que en el Cuzco me dieron la relación, que antiguamente, en tiempo de los reyes Incas, se mandaba por todos los pueblos y provincias del Perú que los señores principales y sus delegados supiesen cada año los hombres y mujeres que habían sido muertos y todos los que habían nacido; porque, así para la paga de los tributos como para saber la gente que había para la guerra y la que podía quedar por defensa del pueblo, convenía que se tuviese ésta, la cual fácilmente podían saber porque cada provincia, en fin del año, mandaba asentar en los quipos por la cuenta de sus nudos, todos los hombres que habían muerto en ella en aquel año, y por el siguiente los que habían nacido. Y por principio del año que entraba venían con los quipos al Cuzco, por donde se entendía así los que en aquel año habían nacido como los que faltaban, por ser muertos. Y en esto había gran verdad y certidumbre, sin en nada haber fraude ni engaños. Y entendido esto, sabían el Señor y los gobernadores los indios que destos eran pobres y las mujeres que eran viudas y si bien podían pagar los tributos y cuánta gente podía salir para la guerra y otras muchas cosas que para entre ellos se tenían por muy importantes.

Y como sea este reino tan largo, como en muchos lugares de esta escritura tengo dicho, y en cada provincia principal había número grande de depósitos llenos de mantenimientos y de otras cosas necesarias y provechosas para el proveimiento de los hombres, si había guerra gastábase, por donde quiera que iban los reales, de lo que estaba en estos aposentos, sin tocar en lo que los confederados suyos tenían ni allegar a cosa ninguna que en sus pueblos hubiese; y si no había guerra, toda la multitud de mantenimientos que había se repartía por los pobres y por las viudas. Estos pobres habían de ser los que eran viejos demasiadamente, los que eran cojos, mancos o tullidos o tuviesen otras enfermedades, porque si estaban sanos ninguna cosa les mandaban dar. Y luego eran tornados a henchir los depósitos con los tributos que eran obligados a dar; y si por caso venía algún año de mucha esterilidad mandaban asimismo abrir los depósitos y prestar a las provincias los mantenimientos necesarios; y luego, en el año que hubiese hartura, lo daban y volvían por su cuenta y medida cierta. Aunque los tributos que a los Incas se daban no sirvieran para otras cosas que para las dichas, era bien empleado, pues tenían su reino tan harto y bien proveído.

No consentían que ninguno fuese haragán y anduviese hurtando el trabajo de otros, sino a todos mandaban trabajar. Y así, cada señor, en algunos días, iba a su chácara y tomaba el arado en las manos y aderezaba la tierra, trabajando en otras cosas. Y aún los mismos Incas lo hacían, puesto que era por dar buen ejemplo de sí, porque se había de tener por entendido que no había de haber ninguno tan rico que por serlo quisiese baldonar y afrentar al pobre; y con su orden no había ninguno que lo fuese en toda su tierra, porque, teniendo salud, trabajaba y no le faltaba, y estando sin ella de sus depósitos le proveían de lo necesario. Ni ningún rico podía traer mas arreo ni ornamento de los pobres ni diferenciar el vestido y traje, salvo a los señores y curacas, que éstos, por la dignidad suya, podían usar de grandes franquezas y libertades y lo mismo los orejones, que entre todas las naciones eran jubilados.

Capítulo XX. De cómo había gobernadores puestos en las provincias y de la manera que tenían los reyes cuando salían a visitarlas y cómo tenían por armas unas culebras hondadas con unos bastones

Por muy cierto se averigua de los reyes deste reino, en el tiempo de su señorío y reinado tuvieron en todas las cabeceras de las provincias —como eran Vilcas, Xauxa, Bonbon, Caxamalca, Guancabamba, Tomebamba, Latacunga,[55] Quito, Carangui; y por la otra parte del Cuzco, hacia el Mediodía, Hatuncana, Hatuncolla, Ayavire, Chuquiabo, Chucuito, Paria y otros que van hasta Chile— sus delgados; porque en estos lugares había mayores aposentos y más primos que en otros muchos pueblos deste reino y muchos depósitos; y eran como cabezas de provincias o de comarcas, porque de tantas a tantas leguas venían los tributos a una destas cabeceras y de tantas a tantas iba a otra, habiendo en esto tanta cuenta que ningún pueblo dejaba de tener conocido a donde había de acudir. Y en todas estas cabeceras tenían los reyes templos del Sol y casa de fundición y muchos

---

55   En nuestro original: *Bilcas, Xauxa, Bomboa, Caxamalca, Guanca, Bombacome, Bonba-Cata, Quraga.*

plateros, que no entendían en todo el tiempo en mas que en labrar ricas piezas de oro o grandes vasijas de plata; y había mucha gente de guarnición y, como dije, mayordomo mayor o delegado que estaba sobre todos y a quien venía la cuenta de lo que entraba y el que era obligado a dar de lo que salía. Y estos tales gobernadores no Podían entremeterse en mandar en la jurisdicción ajena y que tenía a cargo otro como él; mas en donde él estaba, si había algún escándalo y alboroto, tenía poder para castigarlo, y más si era cosa de conjuración o de levantarse algún tirano o de querer negar la obediencia al rey; porque es cierto que toda la fuerza estaba en estos gobernadores. Y si los incas no cayeran en ponerlos y en que hubiese los mitimaes, muchas veces se levantaran los naturales y eximieran de sí el mando real; pero con tantas gentes de guerra y tanto proveimiento de mantenimientos no podían, si entre todos, los unos y los otros, no hubiese trama de traición o levantamiento; lo cual había pocas veces, porque estos gobernadores que se ponían eran de gran confianza y todos orejones y que los más dellos tenían sus chácaras, que son heredades, en la comarca del Cuzco, y sus casas y parientes; y si alguno no salía bastante para gobernar lo que tenía a cargo luego le era quitado el mando y puesto otro en su lugar.

Y éstos, si en algunos tiempos venían al Cuzco a negocios privados o particulares con los reyes, dejaban en sus lugares tenientes, no a los que ellos querían sino a los que sabían que harían[56] con más fidelidad lo que les quedaba mandado y más a servicio de los Incas. Y si alguno destos gobernadores o delegados moría en su presidencia, los naturales, cómo y de qué había muerto con mucha presteza enviaban la razón o probanza dello al Señor y aún los cuerpos de los muertos llevaban por el camino de las postas, si veían que convenía. Lo que tributaba cada termino destas cabeceras y contribuían los naturales, así oro como plata y ropa y armas, con todo lo demás que ellos daban, lo entregaban por cuenta a los camayos que tenían los quipos, los cuales hacían en todo lo que por éste les era mandado en lo tocante a despender estas cosas con la gente de guerra o repartillo con quien el Señor mandaba o de llevallo al Cuzco; pero cuando de la ciudad del Cuzco venían a tomar la cuenta, o que la fuesen a dar al Cuzco, los mismos contadores con los quipos la daban o venían a la dar a

---

56 *Eran*, en n. orig.

donde no podía haber fraude, sino todo había de estar cabal. Y pocos años se pasaban sin dar cuenta y razón de todas estas cosas.

Tenían gran autoridad estos gobernadores y poder bastante para formar ejércitos y juntar gente de guerra, si súbitamente se recreciese alguna turbación o levantamiento o que viniese alguna gente extraña por alguna parte a dar guerra; y eran delante del Señor honrados y favorecidos; y desto se quedaron, cuando entraron los españoles, muchos dellos con mando perpetuo en provincias. Yo conozco algunos dellos y estar ya tan aposesionados que sus hijos heredan lo que era de otros.

Cuando en tiempo de paz salían los Incas a visitar su reino, cuentan que iban por él con gran majestad, sentados en ricas andas, armadas sobre unos palos lisos, largos, de maderas excelentes, engastonadas en oro y en argentería; y de las andas salían dos arcos altos hechos de oro, engastonados en piedras preciosas, y caían unas mantas algo largas por todas las andas, de tal manera que las cubrían todas; y si no era queriendo el que iba dentro no podía ser visto, ni alzaban las mantas sino era cuando entraba y salía; tanta era su estimación. Y para que le entrase aire y él pudiese ver el camino había en las mantas hechos algunos agujeros. Por todas partes destas andas había riqueza y en algunas estaban esculpidos el Sol y la Luna y en otras unas culebras grandes hondadas y unos como bastones que las atravesaban —esto traían por insignia,[57] por armas—; y estas andas las llevaban en hombros de señores los mayores y más principales del reino y aquel que más con ellas andaba aquel se tenía por más honrado y por más favorecido.

En redor de las andas y a la hila iba la guarda del rey con los archeros y alabarderos y delante iban cinco mil honderos y detrás venían otros tantos lanceros con sus capitanes, y por los lados del camino y por el mismo camino iban correderos fieles descubriendo lo que había y avisando la ida del señor; y acudía tanta gente por ver que parecía que todos los cerros y laderas estaban llenos della; y todos le daban sus bendiciones alzando alaridos y grita grande a su usanza; llamándoles «Ancha batun apu, intip-

---

57 *Encima* en n. orig.

churi, canqui zapallaapu tucuy pacha ccampa uyay sullull»;[58] que en nuestra lengua dirá: «Muy grande y poderoso Señor, hijo del Sol, tú solo eres Señor, todo el mundo te oiga en verdad». Y sin esto le decían otras cosas más alto, tanto, que poco faltaba para le adorar por Dios.

Todo el camino iban indios limpiando, de tal manera que ni hierba ni piedra no parecía, sino todo limpio y barrido. Andaba cada día cuatro leguas o lo que él quería; paraba lo que era servido, para entender el estado de su reino; oía alegremente a los que con quejas le venían, remediando y castigando a quien hacían injusticia. Los que con ellos iban no se desmandaban a nada ni salían del camino un paso. Los naturales proveían de lo necesario, sin lo cual lo había tan cumplido en los depósitos que sobraba y ninguna cosa faltaba. Por donde iba salían muchos hombres y mujeres y muchachos a servir personalmente en lo que les era mandado; y para llevar las cargas los de un pueblo las llevaban hasta otro, de donde los unos las tomaban y los otros las dejaban; y como era un día, y cuando mucho dos, no lo sentían ni dello recibían agravio ninguno. Pues yendo el señor desta manera, caminaba por su tierra el tiempo que le placía, viendo por sus propios ojos lo que pasaba y proveyendo lo que entendía que convenía: que todo era cosas grandes e importantes; lo cual hecho, daba la vuelta al Cuzco, principal ciudad de todo su imperio.

Capítulo XXI. Cómo fueron puestas las postas en este reino

Era tan grande el reino del Perú, que mandaban los Incas lo ya muchas veces dicho desde Chile hasta Quito, y aún del río de Maule hasta el de Angasmayo; y si estando el rey en el un cabo destos hubiera de ser informado de lo que pasaba en el otro con quien anduviera por jornadas, aunque fueran grandes, fuera una cosa muy larga; porque, a cabo de haber andado 1.000 leguas, ya sería sin tiempo lo que se había de proveer, si conviniera, o remediar otros negocios de gobernación. En fin, por esto y por en todo acertar a gobernar las provincias, los Incas inventaron las postas, que fue lo mejor que se pudo pensar ni imaginar; y esto a solo Inca Yupanqui se debe, hijo que fue de Viracocha Inca, padre de Tupac Inca, según dél

---

58 En n. orig.: *Ancha hatunapo yndichiri campa capalla apatuco pacha canba colla xulliy.* No sé si habré acertado con la interpretación.

publican los cantares de los indios y afirman los orejones. No solo lo de las postas inventó Inca Yupanqui, que otras cosas grandes hizo, como iremos relatando. Y así, desde el tiempo de su reinado, por todos los caminos reales fueron hechas de media legua a media legua, poco más o menos, casas pequeñas bien cubiertas de paja y madera, y entre las sierras estaban hechas por las laderas y peñascos de tal manera que fueron los caminos llenos destas casas pequeñas de trecho a trecho, como es dicho de suso. Y mandóse que en cada una dellas estuviesen dos indios con bastimentos y que estos indios fuesen puestos por los pueblos comarcanos y que no estuviesen estantes sino, de tiempo a tiempo que fuesen unos y viniesen otros. Y tal orden hubo en esto, que no fue menester más que mandarlo para nunca dejarlo de hacer mientras los Incas reinaron.

Por cada provincia se tenía cuidado de poblar las postas que caían en sus términos y lo mismo hacían en los desiertos campos y sierras de nieve los que estaban más cerca del camino. Y como fuese necesario dar aviso en el Cuzco o en otra parte a los reyes de alguna cosa que hubiese sucedido o que conviniese a su servicio, salían de Quito o de Tomebamba o de Chile o de Caranqui o de otra parte cualquiera de todo el reino, así de los llanos como de las sierras, y con demasiada presteza andaban al trote sin parar aquella media legua; porque los indios de allí ponían y mandaban estar, de creer es que serían ligeros y los más sueltos de todos. Y como llegaba junto a la otra posta comenzaba a apellidar al que está en ella y a le decir: «Parte luego y ve a tal parte y avisa desto y esto que ha acaecido, o desto y esto que tal gobernador hace saber al Inca». Y así, como el que está lo ha oído, parte con mayor prisa y entra, el que viene a descansar en la casilla y a comer y beber de lo que siempre en ella está, y el que va corriendo hace lo mismo.

De tal manera se hacía esto que en breve tiempo sabían a 300 leguas, y 500 y 800 y más y menos, lo que había pasado o lo que convenía proveer y ordenar. Y con tanto secreto usaban de sus oficios éstos que residían en las postas, que por ruego ni amenaza jamás contaban lo que iban a avisar, aunque el aviso hubiese ya pasado adelante. Y por tales caminos, así de sierras ásperas como de montañas bravas, como de promontorios de nieves y secadales de pedregales llenos de abrojos y de espinas de mil naturas, van estos caminos, que se puede tener por cierto y averiguado que en caballos ligeros ni mulas no pudiera ir la nueva con más velocidad que estos correos de pie; porque ellos son muy sueltos, y andaba más uno de ellos en un día que anduviera en tres un correo a caballo o a mula; y no digo siempre un indio, sino como y de la orden quellos tenían, que era andar uno media legua y otro media legua. Y es de saber que nunca por tormenta ni por cosa que sucediese había de estar posta ninguna despoblada, sino en ella los indios que digo, los cuales antes que de allí se fuesen, eran venidos otros a quedar en su lugar.

Y por esta manera eran avisados los señores de todo lo que pasaba en todo su reino y señorío y proveían lo que más les parecía convenir a su servicio. En ninguna parte del mundo no se lee que se haya hallado tal invención, aunque sé que, desbaratado Jerjes el Grande, fue la nueva así, por hombres de pie, en tiempo breve. Y cierto fue esto de las postas muy importante en el Perú y que se ve bien por ello cuán buena fue la gobernación de los señores dél. Y hoy día están en muchas partes de las sierras, junto a los caminos reales, algunas casas déstas en donde estaban las postas y por ellas vemos ser verdad lo que se dice. Y aún también he visto yo algunos topos, que son, como atrás dije, a manera de mojones de términos, salvo que éstos de acá son grandes y mejor hechos, y era por donde contaban sus leguas y tiene cada uno legua y media de Castilla.

Capítulo XXII. Cómo se ponían los mitimaes y cuántas suertes dellos había y cómo eran estimados por los Incas

En este Capítulo quiero escribir lo que toca a los indios que llaman mitimaes, pues en el Perú tantas cosas dellos se cuentan y tanto por los Incas fueron honrados y privilegiados y tenidos, después de los orejones, por los más nobles de las provincias; y esto digo porque en la Historia que llaman de Indias está escrito por el autor que estos mitimaes eran esclavos de Huaina Cápac.[59] En estos descuidos caen todos los que escriben por relación y cartapacios, sin ver ni saber de donde escriben, para poder afirmar la verdad.

---

59   El autor es Francisco López de Gomara, que en el capítulo de la citada historia, intitulado La tasa que de los tributos hizo Gasca, dice: «Tambien dejó muchos que llaman mitimaes y que son como esclavos, segun y de la manera que Guainacapa los tenia, y

En la mayor parte de las provincias del Perú, o en todas ellas, había y aún hay de estos mitimaes[60] y tenemos entendido que hubo tres maneras o suertes dellos; lo cual convino grandemente para la sustentación[61] dél y para su conservación y aun para su población; y entendido cómo y de que manera estaban puestos estos mitimaes y lo que hacían y entendían, conocerán los lectores cómo supieron los Incas acertar en todo para la gobernación de tantas tierras y provincias como mandaron.

Mitimaes llaman a los que son traspuestos de una tierra en otra; y la primera manera o suerte de mitimaes mandada poner por los Incas era que, después que por ellos había sido conquistada alguna provincia o traída nuevamente a su servicio, tuvieron tal orden para tenella segura y para que con brevedad los naturales y vecinos della supiesen cómo la habían de servir y de tener y para [que] desde luego entendiesen los demás que entendían y sabían sus vasallos de muchos tiempos, y para que estuviesen pacíficos y quietos y no todas veces tuviesen aparejo de se rebelar y, si por caso se tratase dello, hubiese quien lo estorbase –trasmutaban de las tales provincias la cantidad de gente que della parecía convenir que saliese; a los cuales mandaban pasar a poblar otra tierra del temple y manera de donde salían, si fría fría, si caliente caliente, en donde les daban las tierras y campos y casas tanto y más como dejaron; y de las tierras y provincias que de tiempo largo tenían pacíficas y amigables y que habían conocido voluntad para su servicio, mandaban salir otros tantos o más y entremetellos en las tierras nuevamente ganadas y entre los indios que acababan de sojuzgar, para que dependiesen dellos las cosas arriba dichas y los impusiesen en

mandó a los demás ir a sus tierras; pero muchos dellos no quisieron sino estarse con sus amos, diciendo que se hallaban bien con ellos y aprendían, cristiandad con oír misa y sermones, y ganaban dineros con vender, comprar y servir.» Por donde se ve que López de Gomara equivocó los mitimaes con los yanacunas, que no eran enteramente esclavos, sino criados perpetuos.

Por lo demás, esta censura de Cieza prueba que retocaba y ampliaba esta Segunda parte de su Crónica después del año de 1552, en que salió la primera edicion de la Historia de Gomara.

60   Mucho después de haberse escrito esto, todavía se diferenciaban las casas de mitimaes de las de los naturales de algunos pueblos de Quito, en la forma de sus techos y chimeneas.

61   *Sustancia* en n. orig.

su buena orden y policía, para que, mediante este salir de unos y entrar de otros, estuviese todo seguro con los gobernadores y delegados que se ponían, según y como dijimos en los Capítulo de atrás.

Y conociendo los Incas cuánto se siente por todas las naciones dejar sus patrias y naturalezas propias, porque con buen ánimo tomasen aquel destierro, es averiguado que honraban a, estos tales que se mudaban y que a muchos dieron brazalete de oro y de plata y ropas de lana y de pluma y mujeres y eran privilegiados en otras muchas cosas; y así, entre ellos había espías que siempre andaban escuchando lo que los naturales hablaban e intentaban, de lo cual daban aviso a los delegados o con prisa grande iban al Cuzco a informar dello al Inca. Con esto todo estaba seguro y los mitimaes temían a los naturales y los naturales a los mitimaes y todos entendían en obedecer y servir llanamente. Y si en los unos o en los otros había motines o tramas o juntas, hacíanse grandes castigos; porque los Incas, algunos dellos fueron vengativos y castigaban sin templanza y con gran crueldad.

Para este efecto estaban puestos los unos mitimaes, de los cuales sacaban muchos para ovejeros y rabadanes de los ganados de los Incas y del Sol y otros para roperos y otros para plateros y otros para canteros y para labradores y para dibujar y esculpir y hacer bultos; en fin, para lo que más le[s] mandaban y dellos requerían servir. Y también mandaban que de los pueblos fuesen a ser mitimaes a las montañas de los Andes, a sembrar maíz y criar la coca y beneficiar los árboles de fruta y proveer la que[62] faltaba en los pueblos donde con los fríos y con las nieves no se pueden dar ni sembrar estas cosas.

Para el segundo efecto que los mitimaes se pusieron fue porque los indios de las fronteras de los Andes, como son Chunchos y Moxos Cheriguanaes, que los más dellos tienen sus tierras a la parte de Levante a la decaída de las sierras y son gentes bárbaras y muy belicosas y que muchos dellos comen carne humana y que muchas veces salieron a dar guerra a los naturales de acá y les destruyan sus campos y pueblos, llevando presos los que dellos podían; Para remedio desto había en muchas partes capitanías y guarniciones ordinarias, en las cuales estaban algunos orejones. Y por-

---

62 *Con la* en n. orig.

que la fuerza de la guerra no estuviese en una nación, ni presto supiesen concertarse para alguna rebelión o conjuración, sacaban para soldados destas capitanías mitimaes de las partes y provincias que convenían, los cuales eran llevados a donde digo y tenían sus fuertes, que son pucaraes, para defenderse si tuviesen necesidad; y proveían de mantenimiento a esta gente de guerra del maíz y otras cosas de comida que los comarcanos proveían de sus tributos y derramas que les eran echadas; y la paga que se les hacía era, en algunos tiempos, mandalles dar algunas ropas de lana y plumas o brazaletes de oro y de plata a los que se mostraban más valientes; y también les daban mujeres de las muchas que en cada provincia estaban guardadas en nombre del Inca; y como todas las mas eran hermosas, teníanlas y estimábanlas en mucho. Sin esto les daban otras cosas de poco valor, lo cual tenían cargo de proveer los gobernadores de las provincias, porque tenían mando y poder sobre los capitanes a quien estos mitimaes obedecían. Y sin las partes dichas, tenían algunas destas guarniciones en las fronteras de los Chachapoyas y Bracamoros y en el Quito y en Caranque, que es adelante del Quito, al Norte, junto a la provincia que llaman de Popayán, y en otras partes donde sería menester, así en Chile como en los llanos y sierras.

La otra manera de poner mitimaes era más extraña; porque, aunque esotras son grandes, no es novedad poner capitanes y gente de guarnición en fronteras, puesto que hasta agora no ha faltado quien así lo haya acertado a hacer; y era que, si por caso, andando conquistando la tierra de sierras o valles o campaña o en ladera aparejada para labranza y crianza, y que fuese de buen temple y fértil, que estuviese desierta y despoblada, que fuese como he dicho y teniendo las partes que he puesto, luego con mucha presteza mandaban que de las provincias comarcanas que tuviesen el mismo temple que aquellas para la sanidad de los pobladores, que viniesen tantos que bastasen a poblarlas, a los cuales luego repartían los campos, proveyéndolos de ganados y mantenimientos todo lo que habían menester, hasta tener fruto de sus cosechas; y tan buenas obras se hacían a éstos tales y tanta diligencia en ello mandaba poner el rey que en breve tiempo estaba poblado y labrado y tal que era gran contento verlo. Y desta manera se poblaron muchos valles en los llanos y pueblos en la serranía de los que los Incas veían, como de los que por relación sabían haber en otras partes; y a estos nuevos pobladores por algunos años no les pedían tributo ni ellos lo daban, antes eran proveídos de mujeres y coca y mantenimientos, para que con mejor voluntad entendieren en sus poblaciones.

Y desta manera había en estos reinos, en los tiempos de los Incas, muy poca tierra que pareciese fértil que estuviese desierta, sino todo tan poblado como saben los primeros cristianos que en este reino entraron. Que por cierto no es pequeño dolor contemplar que, siendo aquellos Incas gentiles e idólatras, tuviesen tan buena orden para saber gobernar y conservar tierras tan largas, y nosotros, siendo cristianos, hayamos destruido tantos reinos; porque, por donde quiera que han pasado cristianos conquistando y descubriendo, otra cosa no parece sino que con fuego se va todo gastando. Y hase de entender que la ciudad del Cuzco también estaba llena de gentes extranjeras, todo de industria; porque habiendo muchos linajes de hombres, no se conformasen para levantamiento ni otra cosa que fuese de servicio del rey; y destos hoy día están en el Cuzco Chachapoyas y Cañares y de otras partes, de los que han quedado de los que allí se pusieron.

Tiénese por muy cierto de los mitimaes, que [se] usaron desde Inca Yupanque, el que puso las postas, y el primero que entendió [en] engrandecer el templo de Curicancha, como se dirá en su lugar; y aunque otros algunos indios dicen que fueron puestos estos mitimaes desde el tiempo de Viracocha Inca; padre de Inca Yupanqui, podrálo creer quien quisiere, que yo hice tanta averiguación sobre ello que torno [a] afirmar haberlo inventado Inca Yupanqui; y así lo creo y tengo para mí. Y, con tanto, pasemos adelante.

Capítulo XXIII. Del gran concierto que se tenía cuando salían del Cuzco para la guerra los Señores y cómo castigaban los ladrones

Conté en los Capítulos de atrás de la manera que salía el Señor a visitar el reino, para ver y entender las cosas que en él pasaban; y agora quiero dar a entender al lector cómo salían para la guerra y la orden que en ello se tenía. Y es que, como estos indios son todos morenos y alharaquientos y que en tanto se parecen los unos a otros, como hoy día vemos los que con ellos tratamos, para quitar inconvenientes y que los unos a los otros se entendiesen, porque si no era cuando algunos orejones andaban visitando las provincias nunca en ninguna dejaron de hablar en lengua natural, puesto que por la ley que lo ordenaban eran obligados a saber la lengua del Cuzco, y en los reales era lo mismo, y lo que es en todas partes; pues está claro que si el Emperador tiene un campo en Italia y hay españoles, tudescos, borgoñones, flamencos e italianos, que cada nación hablará en su lengua —y por esto se usaba en todo este reino, lo primero, de las señales en las cabezas diferentes las unas de otras; porque si eran Yuncas,[63] andaban arrebozados como gitanos;[64] y si eran Collas, tenían unos bonetes como hechura de morteros, hechos de lana; y si Canas, tenían otros bonetes mayores y muy anchos; los Cañares traían unas coronas de palo delgado como aro de cedazo; los Guancas unos ramales que les caían por debajo de la barba y los cabellos entrenchados; los Canchis[65] unas vendas anchas coloradas o negras por encima de la frente; por manera que así éstos, como todos los demás, eran conocidos por estas que tenían por insignia,[66] que era tan buena y clara que aunque hubiera juntos quinientos mil hombres claramente se conocieran los unos a los otros—. Y hoy día, donde vemos junta de gente, luego decimos éstos son de tal parte y éstos de tal parte; que por esto, como digo, eran unos de otros conocidos.

Y los reyes, para que en la guerra, siendo muchos, no se embarazasen y desordenasen, tenían esta orden: que en la gran plaza de la ciudad del Cuzco estaba la piedra de la guerra, que era grande, de la forma y hechura de un pan de azúcar, bien engastonada y llena de oro; y salía el rey con sus consejeros y privados a donde mandaba llamar a los principales y caciques de las provincias, de los cuales los que entre sus indios eran más valientes para señalar por mandones y capitanes, sabido, se hacia el nombramiento; que era que un indio tenía cargo de diez y otro de cincuenta y otro de ciento y otro de quinientos y otro de mil y otro de cinco mil y otro

---

63 *Ingas*, en nuestro original.
64 Especialmente los que vivían cerca de los grandes arenales.
65 *Chanchas*, en nuestro original. Y no interpreto *Chancas*, porque éstos usaban otro tocado muy diferente; mientras que las vendas son de los *Canchis*.
66 *Encima*, en n. orig.

de diez mil; y éstos que tenían estos cargos era cada uno de los indios de su patria y todos obedecían al capitán general del rey. Por manera que, siendo menester enviar diez mil hombres [a] algún combate o guerra, no era menester más de abrir la boca y mandarlo, y si cinco mil,[67] por el consiguiente; y lo mismo para descubrir el campo y para escuchas y rondas, a los que tenían menos gente. Y cada capitanía llevaba su bandera y unos eran honderos y otros lanceros y otros peleaban con macanas y otros con ayllo y dardos y algunos con porras.

Salido el Señor del Cuzco había grandísima orden, aunque fuesen con él trescientos mil hombres; iban con concierto por sus jornadas de tambo a tambo, a donde hallaban proveimiento para todos, sin que nada faltase, y muy cumplido, y muchas armas y alpargates y toldos para la gente de guerra y mujeres e indios para servirlos y llevarles sus cargas de tambo a tambo, a donde había el mismo proveimiento y abasto de mantenimiento; y el Señor se alojaba y la guarda estaba junto a él y la demás gente se aposentaba en la redonda en los muchos aposentos que había; y siempre iban haciendo bailes y borracheras, alegrándose los unos a los otros.

Los naturales de las comarcas por donde pasaban no habían de ausentarse ni dejar de proveer lo acostumbrado y servir con sus personas a los que iban a guerra, so pena de que eran castigados en mucho; y los soldados y capitanes, ni los hijos de los mismos Incas, eran osados a les hacer ningún mal tratamiento ni robo ni insulto, ni forzaban a mujer ninguna, ni les tomaban una sola mazorca de maíz; y si salían deste mandamiento y ley de los Incas luego les daban pena de muerte; y si alguno había hurtado, lo azotaban harto más que en España, y muchas veces le daban pena de muerte. Y haciéndolo así en todo había razón y orden y los naturales no osaban dejar de servir y proveer a la gente de guerra bastantemente y los soldados tampoco querían roballos ni hacelles mal, temiendo el castigo. Y si había algunos motines o conjuraciones o levantamientos, los principales y más movedores llevaban al Cuzco a buen recaudo, donde los metían en una cárcel que estaba llena de fieras, como culebras víboras, tigres, osos, y otras sabandijas malas; si alguno negaba, decían aquellas serpientes no le harían mal, y si mentía, que le matarían; y este desvarío tenían y guardaban

---

67   En mi concepto, el original diría *cien mil*.

por cierto. Y en aquella espantosa cárcel tenían siempre, por delitos que hecho habían, mucha gente, los cuales miraban de tiempo a tiempo; si su suerte tal había sido que no le hubiesen mordido [a] algunos dellos, sacábanlos mostrando grande lástima y dejábanlos volver a sus tierras. Y tenían en esta cárcel carceleros los que bastaban para la guarda della y para que tuviesen cuidado de dar de comer a los que se prendían y aún a las malas sabandijas que allí tenían. y cierto, yo me reí bien de gana cuando en el Cuzco oí que solía haber esta cárcel y, aunque me dijeron el nombre, no me acuerdo y por eso no lo pongo.[68]

Capítulo XXIV. Cómo los Incas mandaron hacer a los naturales pueblos concertados, repartiendo los campos en donde sobre ello podrían haber debates, y cómo se mandó que todos generalmente hablasen la lengua del Cuzco

En los tiempos pasados, antes que los Incas reinasen, es cosa muy entendida que los naturales destas provincias no tenían los pueblos juntos como ahora los tienen, sino fortalezas con sus fuertes, que llaman pucaraes,[69] de donde salían a se dar los unos a los otros guerra; y así siempre andaban recatados y vivían con grandísimo trabajo y desasosiego. Y como los Incas reinaron sobre ellos, pareciéndoles mal esta orden y la manera que tenían en los pueblos, mandáronles, procurándolo en unas partes con halagos y en otras con amenazas y en todos lugares con dones que les hacían, a que tuvieren por bien de no vivir como salvajes, mas antes, como hombres de razón, asentasen sus pueblos en los llanos y laderas de las sierras juntos en barrios, como y de la manera que la disposición de la tierra lo ordenase; y desta manera los indios, dejados los pucaraes que primeramente tenían, ordenaron sus pueblos de buena manera, así en los valles de los llanos como en la serranía y llanura de Collao; y para que no tuviesen enojo sobre los campos y heredades los mismos Incas les repartieron los términos, señalando lo que cada uno había de tener, en donde se puso límites para conocimiento de los que habían y después dellos naciesen. Esto claro lo dicen los indios hoy día y a mí me lo dijeron en Jauja, a donde dicen que

---

68   Llamábase *Samka huasi* y *Samka cancha*.
69   *Puracaez*, en n. orig.

uno de los Incas les repartía entre unos y otros los valles y campos que hoy tienen, con la cual orden se han quedado y quedarán. Y por muchos lugares destos que estaban en la sierra iban echadas acequias sacadas de los ríos con mucho primor y grande ingenio de los que las sacaron; y todos los pueblos, los unos y los otros, estaban llenos de aposentos y depósitos de los reyes, como en muchos lugares está dicho.

Y entendido por ellos cuán gran trabajo sería caminar por tierra tan larga y a donde a cada legua y a cada paso había nueva lengua y que sería gran dificultad el entender a todos por intérpretes, escogiendo lo más seguro ordenaron y mandaron, so graves penas que pusieron, que todos los naturales de su imperio entendiesen y supiesen la lengua del Cuzco generalmente, así ellos como sus mujeres, de tal manera que aún la criatura no hubiese dejado el pecho de su madre cuando le comenzasen a mostrar la lengua que había de saber. Y aunque el principio fue dificultoso y muchos se pusieron en no querer deprender más lenguas de las suyas propias, los reyes pudieron tanto que salieron con su intención y ellos tuvieron por bien de cumplir su mandado; y tan de veras se entendió en ello que en el tiempo de pocos años se sabía y usaba una lengua en más de 1.200 leguas; y aunque esta lengua se usaba todos hablaban las suyas, que eran tantas que aunque lo escribiese no lo creerían.

Y como saliese un capitán del Cuzco o alguno de los orejones a tomar cuenta o residencia, o por juez de comisión entre algunas provincias o para visitar lo que le era mandado, no hablaba en otra lengua que la del Cuzco, ni ellos con él. La cual es muy buena, breve y de gran comprehensión y abastada de muchos vocablos y tan clara que, en pocos días que yo la traté, supe [lo] que me bastaba para preguntar muchas cosas por donde quiera que andaba. Llaman al hombre en esta lengua Luna a la mujer guarare y a el padre yaya y al hermano[70] guayqui y a la hermana[71] nana y a la Luna quilla y al mes por el consiguiente y al año guata y al día pinche y a la noche tota y a la cabeza llaman oma y a las orejas lile y a los ojos naui y a las narices sunga y los dientes queros y los brazos maqui y a las piernas chaqui.

---

70   Pero hermano del hermano.
71   Hermana de la hermana.

Estos vocablos solamente pongo en esta Crónica, porque agora veo que para saber la lengua que antiguamente se usó en España andan variando, atinando unos a uno y otros a otro; porque los tiempos que han de venir es solo para Dios saber los sucesos que han de tener; por tanto, para si algo viniere que enfríe o haga olvidar lengua que tanto cundió y por tanta gente se uso, que no estén vacilando cuál fue la primera o la general o de dónde salió o lo que sobre esto más se desea. Y con tanto, digo que fue mucho beneficio para los españoles haber esta lengua, pues podían con ella andar por todas partes, en algunas de las cuales ya se va perdiendo.

Capítulo XXV. Cómo los Incas fueron limpios del pecado nefando y de otras fealdades que se han visto en otros príncipes del mundo

En este reino del Perú pública fama es entre todos los naturales dél cómo en algunos pueblos de la comarca de Puerto Viejo se usaba el pecado nefando de la sodomía —y también en otras tierras habría malos como en las demás del mundo—. Y notaré de esto una gran virtud destos Incas, porque, siendo señores tan libres y que no tenían a quien dar cuenta y ni había ninguno tan poderoso entre ellos que se la tomase y que en otra cosa no entendían las noches y los días que en darse a lujuria con sus mujeres y otros pasatiempos; y jamás se dice ni cuenta que ninguno dellos usaba el pecado susodicho, antes aborrecían a los que lo usaban, teniéndolos en poco como a viles apocados, pues en semejante suciedad se gloriaban. Y no solamente en sus personas no se halló este pecado, pero ni aún consentían estar en sus casas ni palacios ningunos que supiesen que lo usaban; y aún sin todo esto, me parece que oí decir que si por ellos era sabido de alguno que de tal pecado hubiese cometido, castigaban[le] con tal pena que fuese señalado y conocido entre todos. Y en esto no hay que dudar, sino antes se ha de creer que en ninguno dellos cupo tal vicio, ni de los orejones, ni de otras muchas naciones; y los que han escrito generalmente de los indios condenándolos en general en este pecado, afirmando que son todos sodomíticos, han acargádose en ello y, cierto son obligados a desdecirse, pues así no han querido condenar tantas naciones y gentes que son harto más limpios en esto de lo que yo puedo afirmar. Porque, dejando aparte lo de Puerto Viejo, en todo el Perú no se hallaron estos pecadores, sino como es en cada cabo y en todo lugar uno, o seis o ocho o diez, y éstos, que de secreto se daban a ser malos; porque los que tenían por sacerdotes en los templos, con quien es fama que en los días de fiesta se ayuntaban con ellos los señores, no pensaban ellos que cometían maldad ni que hacían pecado sino por sacrificio y engaño del Demonio se usaba.[72] Y aunque por ventura podría ser que los Incas ignorasen que tal cosa en los templos se cometiese, puesto que disimulaban algo era por no hacerse mal quistos y con pensar que bastaba que ellos mandasen por todas partes adorar el Sol y a los más sus dioses, sin entremeterse en prohibir religiones y costumbres antiguas, que es a par de muerte a los que con ellas nacieron quitárselas.

Y aún también tenemos por entendido que antiguamente, antes que los Incas reinasen, en muchas provincias andaban los hombres como salvajes y los unos salían a se dar guerra a los otros y se comían como agora hacen los de la provincia de Arma y otros de sus comarcas; y luego que reinaron los Incas, como gente de gran razón y que tenían santas y justas costumbres y leyes, no solamente ellos no comían aquel manjar, porque de otros muchos ha sido y es muy estimado, pero pusiéronse en quitar tal costumbre a los que con ellos trataban, y de tal manera que en poco tiempo se olvidó y totalmente se tiró, que en todo su señorío, que era tan grande, no se comían ya de muchos años antes. Los que agora han sucedido muestran que en ello les vino beneficio notable de los Incas por no imitar ellos a sus pasados en comer aque este manjar, en los sacrificios de hombres y niños.

Publican unos y otros —que aún, por ventura, algún escritor destos que de presto se arroja lo escribirá—, que mataban, había días de sus fiestas, mil o dos mil niños y mayor número de indios; y esto y otras cosas son testimonio que nosotros los españoles levantamos a estos indios queriendo con estas cosas que dellos contamos encubrir nuestros mayores yertos y justificar los malos tratamientos que de nosotros han recibido.

No digo yo que no sacrificaban y que no mataban hombres y niños en los tales sacrificios; pero no era lo que se dice ni con mucho. Animales y

---

72 Sobre este asunto véase tambien lo que dice el mismo Cieza en el Cap. LXIV de la Primera parte de·su Crón.

de sus ganados sacrificaban, pero criaturas humanas menos de lo que yo pensé, y harto, según contaré en su lugar.

Así que, tengo sabido, por dicho de los orejones antiguos, que estos Incas fueron limpios en este pecado y que no usaban de otras costumbres malas de comer carne humana, ni andar envueltos en vicios públicos, ni eran desordenados, antes ellos a sí propios se corregían. Y si Dios permitiera que tuvieran quien con celo de cristiandad y no con ramo de codicia, en lo pasado les diera entera noticia de nuestra sagrada religión, era gente en quien bien imprimiera, según vemos por lo que agora con la buena orden que hay se obra. Pero dejemos lo que se ha hecho a Dios, quél sabe por qué; y en lo que de aquí adelante se hiciere supliquémosle nos dé su gracia, para que paguemos en algo a gentes [a] que tanto debemos y que tan poco nos ofendió para haber sido molestados de nosotros, estando el Perú y las demás Indias tantas leguas de España y tantos mares en medio.

Capítulo XXXVI. Del séptimo rey o Inca que en el Cuzco hubo, llamado Inca Yupanqui

Muerto que fue Inca Roca acudieron de Condesuyo, Vicos, de Ayarmaca y de las otras partes con que había asentado alianza y amistad mucha gente, así hombres como mujeres, y fueron hechos grandes llantos por el rey difunto; y muchas mujeres de las que en vida le amaron y sirvieron, conforme a la ceguedad de los indios general, de sus mismos cabellos se ahorcaron y otras se mataron por otros modos, para de presto enviar sus ánimas para servir a la de Inca Roca; y en la sepultura, que fue magnífica y suntuosa, echaron grandes tesoros y mayor cantidad de mujeres y sirvientes con mantenimientos y ropa fina.

Ninguna sepultura destos reyes se ha hallado; y para que se conozca si serían ricas o no, no es menester más prueba que, pues se hallaban en sepulturas comunes a 60.000 pesos de oro y más y menos, ¿qué serían las que metían estos que tanto deste metal poseyeron y que tenían por cosa importantísima salir deste siglo ricos y adornados?

Asimismo le fue hecho bulto a Inca Roca, contándole por uno de sus dioses, creyendo que ya descansaba en el cielo.

Pasados los lloros y hechas las obsequias, el nuevo Inca se encerró a hacer el ayuno; y, porque con su ausencia no recreciese alguna sedición o levantamiento de pueblo, mandó que uno de los más principales de su linaje estuviese en público representando su misma persona; al cual dio poder para que pudiese castigar al que hiciese por qué, y tener a ciudad en todo sosiego y paz hasta que él saliese con la insignia real de la borla. Y este Inca dicen que tienen por noticia que fue de gentil presencia, grave y de autoridad. El cual entró en lo más secreto de su palacio, a donde hizo el ayuno, metiéndole a tiempos el maíz con lo que más comía, y se estaba sin tener ayuntamiento carnal con mujer. Acabado, se salió luego, mostrando con su vista las gentes gran contento; y se hicieron sus fiestas y sacrificios grandes; y, pasadas las fiestas, mandó el Inca que se trajese de todas partes cantidad de oro y plata para el templo; y se hizo en el Cuzco la piedra que llaman de la guerra, grande, y las engastonadas en oro y piedras.

Capítulo XXVII. Que trata la riqueza del templo de Curicancha y de la veneración que los Incas le tenían

Concluido con algunas cosas que para mi propósito convienen que se escriban, volveremos luego con gran brevedad a contar la sucesión de los reyes que hubo hasta Guascar; y agora quiero decir del grande, riquísimo y muy nombrado templo de Curicancha, que fue el más principal de todos estos reinos.

Y es público entre los indios ser este templo tan antiguo como la misma ciudad del Cuzco, más de que Inca Yupanqui, hijo de Viracocha Inca, lo acrecentó en riquezas y paró tal como estaba cuando los cristianos entraron en el Perú; y lo más del tesoro fue llevado a Cajamarca por el rescate de Atahuallpa, como en su lugar diremos. Y dicen los orejones que, después de haber pasado la dudosa guerra que tuvieron los vecinos del Cuzco con los Chancas, que agora son señores de la provincia de Andaguaylas, que como de aquella victoria que dellos tuvieron quedase Inca Yupanqui tan estimado y nombrado, de todas partes acudían señores a le servir haciéndole las provincias grandes servicios de metales de oro y plata; porque, en aquellos tiempos, había grandes mineros y vetas riquísimas; y viéndose tan rico y poderoso acordó de ennoblecer la Casa del Sol —que en su lengua llaman indeguaxi y por otro nombre la llamaban Curicancha, que quiere decir cercado de oro—, y acrecentalla con riqueza. Y, por que todos los que esto vieren o leyeren acaben de conocer cuán rico fue el templo que hubo en el Cuzco y el valor de los que edificaron y en él hicieron tan grandes cosas, porné aquí la memoria dél, según que yo vi y oí a muchos de los primeros cristianos que oyeron a los tres que vinieron desde Cajamarca, que [le] habían visto; aunque los indios cuentan tanto dello y tan verdadero que no es menester otra probanza.

Tenía este templo en circuito más de cuatrocientos pasos, todo cercado de una muralla fuerte, labrado todo el edificio de cantería muy excelente de fina piedra muy bien puesta y asentada, y algunas piedras eran muy grandes y soberbias; no tenían mezcla de tierra ni cal, sino con el betún que ellos suelen hacer sus edificios, y están tan bien labradas estas piedras, que no se le[s] parece mezcla ni juntura ninguna. En toda España no he visto cosa que pueda compararse a estas paredes y postura de piedra, sino la torre que llaman la Calahorra, que está junto con la puente de Córdoba, y a una obra que vi en Toledo, cuando fui a presentar la Primera parte de mi Crónica al príncipe don Felipe, que es el hospital que mandó hacer el arzobispo de Toledo Tavera, y aunque algo se parecen estos edificios a los que digo, los otros son más primos, digo cuanto a las paredes y a las piedras estar primísimamente labradas y asentadas con tanta sutilidad; y esta cerca estaba derecha y muy bien trazada. La piedra me pareció ser algo negra y tosca y excelentísima. Había muchas puertas y las portadas muy bien labradas; a media pared, una cinta de oro de dos palmos de ancho y cuatro dedos de altor. Las portadas y puertas estaban chapadas con planchas de este metal. Más adentro estaban cuatro casas no muy grandes labradas desta manera y las paredes de dentro y de fuera chapadas de oro y lo mismo el enmaderamiento; y la cobertura era paja que servía por teja. Había dos escaños y aquella pared en los cuales daba el Sol en saliendo, y estaban las piedras sutilmente horadadas y puestas en los agujeros muchas piedras preciosas y esmeraldas. En estos escaños se sentaban los reyes y si otro lo hacía tenía pena de muerte.

A las puertas destas casas estaban puestos porteros que tenían cargo de mirar por las vírgenes, que eran muchas hijas de señores principales, las más hermosas y apuestas que se podían hallar; y estaban en el templo hasta ser viejas; y si alguna tenía conocimiento con varón, la mataban o la enterraban viva y lo mismo hacían a él. Estas mujeres eran llamadas mamaconas; no entendían en más de tejer y pintar ropa de lana para servicio del templo y en hacer chicha, que es el vino que hacen, de que siempre tenían llenas grandes vasijas.

En la una destas casas, que era la más rica, estaba la figura del Sol, muy grande, hecha de oro, obrada muy primamente, engastonada en muchas piedras ricas; estaban en aquella algunos de los bultos de los Incas pasados que habían reinado en el Cuzco, con gran multitud de tesoros.

A la redonda desde el templo había muchas moradas pequeñas de indios que estaban diputados ara servicio dél y había un cerquito donde metían los corderos blancos y los niños y hombres que sacrificaban. Tenían un jardín que los terrones eran pedazos de oro fino y estaba artificiosamente sembrado de maizales, los cuales eran [de] oro, así las cañas dello[s] como las hojas y mazorcas; y estaban tan bien plantados que, aunque hiciesen recios vientos, no se arrancaban. Sin todo esto tenían hechas más de veinte ovejas de oro con sus corderos, los pastores con sus hondas y cayados, que las guardaban, hechos deste metal. Había mucha cantidad de tinajas de oro y de plata y esmeraldas, vasos, ollas y todo género de vasijas, todo de oro fino. Por otras paredes tenían esculpidas y pintadas otras mayores cosas. En fin, era uno de los ricos templos que hubo en el mundo.

El gran sacerdote, llamado Vilaoma, tenía su morada en el templo y con los sacerdotes hacía los sacrificios ordinarios con grandes supersticiones, según su costumbre. A las fiestas generales iba el Inca a se hallar presente a los sacrificios y se hacían grandes fiestas. Había dentro en la casa y templo más de treinta trojes de plata en que echaban el maíz, y tenía este templo muchas provincias que contribuían con tributos para su servicio. En algunos días era visto el Demonio por los sacerdotes y daba respuestas vanas y conformes a el que las daba.

Otras muchas cosas pudiera decir deste templo, que dejo, porque me parece que basta lo dicho para que se entienda cuán grande cosa fue; porque no trato de la argentería, chaquira, plumaje de oro y otras cosas, que si las escribiera no fueran creídas. Y, lo que tengo dicho, aún viven cristianos que vieron la mayor parte dello, que se llevó a Cajamarca para el rescate de Atahuallpa; pero mucho escondieron los indios y está adornado este templo; en tiempo de Inca Yupanqui se acrecentó de tal manera que, cuando murió y Tupac: Inca, su hijo, hubo del imperio, quedó en esta perfección.

Capítulo XXVIII. Que trata los templos que sin éste se tenían por más principales, y los hombres que tenían

Muchos fueron los templos que hubo en este reino del Perú y algunos se tienen por muy antiguos, porque fueron fundados antes, con muchos tiempos, que los Incas reinasen, así en la serranía de los altos como en la serranía de los llanos; y reinando los Incas se edificaron de nuevo otros muchos en donde se hacían sus fiestas y sacrificios. Y porque hacer mención de los templos que había en cada provincia en particular sería cosa muy larga y prolija, determino de contar en este lugar solamente los que tuvieron por más eminentes y principales. Y así, digo que, después del templo de Curicancha, era la segunda guaca de los Incas el cerro de Guanacaure, que está a vista de la ciudad y era por ellos muy frecuentado y honrado por lo que algunos dicen quel hermano del primer Inca se convirtió en aquel lugar en piedra al tiempo que salían de Pacaritambo, como al principio se contó. Y había en este cerro antiguamente oráculo por donde el maldito Demonio hablaba; y estaba enterrado a Ya redonda suma de grande tesoro, y en algunos días se sacrificaban hombres y mujeres a los cuales, antes que fuesen sacrificados, los sacerdotes les hacían entender que habían de ir a servir [al aquel Dios que allí adoraban, allá en la gloria que ellos fingían con sus desvaríos que tenían; y así, teniéndolo por cierto los que habían de ser sacrificados, los hombres se ponían muy galanos y ataviados con sus ropas de lana fina y llautos de oro y patenas y brazaletes y sus oxotas con sus correas de oro; y, después de haber oído el parlamento que los mentirosos de los sacerdotes les hacían, les daban a beber mucho de su chicha con grandes vasos de oro, y solemnizaban [con sus] cantares el sacrificio, publicando en ellos que, por servir a sus dioses, ofrecían sus vidas de tal suerte, teniendo por alegre recibir en su lugar la muerte. Y habiendo bien endechado estas cosas, eran ahogados por los ministros y, puestos en los hombros sus quipes de oro y un jarrillo de lo mismo en la mano, los enterraban a la redonda del oráculo en sus sepulturas. Y a estos tales tenían por santos canonizados entre ellos, creyendo sin duda ninguna que estaban en el cielo sirviendo a su Guanacaure. Las mujeres que sacrificaban iban vestidas asimismo ricamente con sus ropas finas de colores y de pluma y sus topos de oro y sus cucharas y escudillas y platos, todo de oro; y así aderezadas, después que han bien bebido, las ahogaban y enterraban creyendo, ellas y los que las mataban, que iban a servir a su diablo o Guanacaure. Y hacíanse grandes bailes y cantares cuando se hacían semejantes sacrificios que estos. Tenían este ídolo donde estaba el oráculo, con sus chácaras, yanaconas, y ganados y mamaconas y sacerdotes que se aprovechaban de lo más dello.

El tercero oráculo y guaca de los Incas era el templo de Vilcanota, bien nombrado en estos reinos y adonde, permitiéndolo nuestro Dios y Señor, el Demonio tuvo grandes tiempos poder grande y hablaba por boca de los falsos sacerdotes que para servicio de los ídolos en él estaban. Y estaba este templo de Vilcanota poco más de 20 leguas del Cuzco, junto al pueblo de Chungara; y fue muy venerado y estimado y que se ofrecieron muchos dones y presentes, así por los Incas y señores, como por los ricos hombres de las comarcas de donde venían a sacrificar, y tenía sus sacerdotes y mamaconas y sementeras, y casi cada año se hacían en este templo ofrendas de la capacocha, que es lo que luego diré. Dábase grande crédito a lo que el Demonio decía por sus respuestas y, a tiempos, se hacían grandes sacrificios de aves y ganados y otros animales.

El cuarto templo estimado y frecuentado por los Incas y naturales de las provincias fue la guaca de Ancocagua, donde también había oráculo muy antiguo y tenido en gran veneración. Estaba pegado con la provincia de Hatun Cana y a tiempos iban de muchas partes con gran veneración a este demonio a oír sus vanas respuestas; y había en él gran suma de tesoros, porque los Incas y todos los demás los ponían allí. Y dícese también que, sin los muchos animales que sacrificaban a este diablo, que ellos tenían por dios, hacían lo mismo de algunos indios e indias, así y como conté que se usaba en el cerro de Guanacaure. Y que hubiese en este templo la riqueza que se dice, tiénese por verdad, porque después de haber los españoles ganado al Cuzco con más de tres años, y haber los sacerdotes y cacique es alzado los grandes tesoros que todos estos templos tenían, oí decir que un español llamado Diego Rodríguez Elemosín sacó desta guaca más de 30.000 pesos de oro; y sin esto se ha hallado más, y todavía hay noticia de haber enterrado grandísima cantidad y plata y oro en partes que no hay quien lo sepa, si Dios no, y nunca se sacarán si no fuera acaso o de ventura.

Sin estos templos se tuvo otro por tan estimado y frecuentado como ellos, y más que había por nombre la Coropuna, que es en la provincia de Condesuyo, en un cerro muy grande cubierto a la contina de nieve que de invierno y de verano no se quita jamás. Y los reyes del Perú con los más principales dél visitaban este templo haciendo presentes y ofrendas como a los ya dichos; y tiénese por muy cierto que, de los dones y capacocha que a este templo se le hizo, había muchas cargas de oro y plata y pedrería enterrado en partes que dello no se sabe, y os indios escondieron otra suma que estaba para servicio del ídolo y de los sacerdotes y mamaconas, que también tenía muchos el templo; y como haya tan grandes nieves, no suben a lo alto ni saben atinar a donde estaban tan grandes tesoros. Mucho ganado tenía este templo y chácaras y servicio de indios y mamaconas. Siempre había en él gente de muchas partes y el Demonio hablaba aquí más sueltamente que en los oráculos dichos, porque a la contina daba mil respuestas, y no a tiempos, como los otros. Y aún agora en este tiempo, por algún secreto de Dios, se dice que andan por aquella parte diablos visiblemente, que los indios los ven y dellos reciben gran temor. Y a cristianos he yo oído que han visto los mismos en figura de indios y aparecérseles y desaparecérseles en breve espacio de tiempo. Algunas veces sacrificaban mucho en este oráculo, y así mataban muchos ganados y aves y algunos hombres y mujeres.

Sin estos oráculos, había el de Aperahua, en donde por el troncón de un árbol respondía el oráculo, y que junto a él se halló cantidad de oro; y el de Pachacama, que es de los Yuncas, y otros muchos, así en la comarca de Andesuyo como en la de Chinchasuyo y Omasuyo y otras partes deste reino, de los cuales pudiera decir algo más; mas, pues que lo dije en la Primera parte, que trata de las fundaciones, no trataré desto mas que de los oráculos, los que tenían más devoción todos los Incas con las demás naciones, sacrificaban algunos hombres y mujeres y mucho ganado y adonde no había este crédito no derramaban sangre humana ni mataban hombres, sino ofrecían oro y plata. A las guacas que tenían en menos, que eran como ermitas, ofrecían chaquira y plumas y otras cosas menudas y de poco valor. Esto digo, porque la opinión que los españoles tenemos en afirmar que en todos los templos sacrificaban hombres es falsa; y esto es la verdad, según lo que yo alcancé, sin tirar ni poner más de lo que yo entendí y para mí tengo por cierto.

Capítulo XXIX. De cómo se hacía la Capaccocha y cuánto se usó entre los Incas, lo cual se entiende dones y ofrendas que hacían a sus ídolos

En este lugar entra bien, para que se entienda, lo de la capaccocha, pues todo era tocante al servicio de los templos ya dichos y de otros; y por noticia que se tiene de indios viejos que son vivos y vieron lo que sobre esto pasaba, escribiré lo que de ello tengo entendido que es verdad. Y así, dicen que se tenía por costumbre en el Cuzco, por los reyes, que cada año hacían venir a aquella ciudad a todas las estatuas y bultos de los ídolos que estaban en las guacas, que eran los templos donde ellos adoraban; las cuales eran traídas con mucha veneración por los sacerdotes y camayos dellas, que es nombre de guardianes; y como entrasen en la ciudad eran recibidas con grandes fiestas y procesiones y aposentadas en los lugares que para aquello estaban señalados y establecidos; y habiendo venido de las comarcas de la ciudad y aún de la mayor parte de las provincias número grande de gente, así hombres como mujeres, el que reinaba, acompañado de todos los Incas y orejones, cortesanos y principales de la ciudad, entendían en hacer grandes fiestas y borracheras y taquis.

Ponían en la plaza del Cuzco la gran maroma de oro que la cercaba toda y tantas riquezas y pedrería cuanto se puede pensar por lo que se ha escrito de los tesoros que estos reyes poseían; lo cual pasado se entendía en lo que todos los años por ellos se usaba, que era que estas estatuas y bultos y sacerdotes se juntaban para saber por boca dellos el suceso del año, si había de ser fértil o si había de haber esterilidad; si el Inca tenía larga vida o si por caso moriría en aquel año; si habían de venir enemigos por algunas partes o si algunos de los pacíficos se habían de revelar. En conclusión eran repreguntados destas cosas y de otras mayores y menores que va poco desmenuzarlas; porque también preguntaban si habría peste o si vernía alguna morriña para el ganado y si habría mucho multiplico dél. Y esto se hacía y preguntaba no a todos los oráculos juntos sino a cada uno por sí; y, si todos los años los Incas no hacían esto, andaban muy recatados y vivían doscientos y muy temerosos y no tenían sus vidas por seguras.

Y así, alegrado al pueblo y hechas sus solemnes borracheras y banquetes y grandes taquis y otras fiestas que ellos usan, diferente en todo a las nuestras, en que los Incas están con gran triunfo y a su costa se hacen los convites, en que había suma de grandes tinajas de oro y plata y vasos de otras cosas, porque todo el servicio de su cocina, hasta las ollas y vasos de servicio, era de oro y plata —mandaban a los que para aquello estaban señalados y tenían las veces del Gran Sacerdote, que también estaba presente a estas fiestas con tan gran pompa y triunfo como el mismo rey, acompañado de los sacerdotes y mamaconas que allí se habían juntado, que hiciesen a cada ídolo su pregunta destas cosas, el cual respondía por boca de los sacerdotes que tenían cargo de su bulto; y éstos, como estaban bien beodos, adivinaban lo que más veían que hacía al gusto de los que preguntaban, inventando por ellos y por el diablo, que estaba en aquellas estatuas—. Y hechas las preguntas a cada ídolo, por ser los sacerdotes tan astutos en maldades, pedían algún término para responder, para que con más devoción y crédito dellos oyesen sus desvaríos; porque decían que querían hacer sus sacrificios para que, estando gratos a los altos dioses suyos, fuesen servidos de responder lo que había de ser. Y así, eran traídos muchos animales de ovejas y corderos y cuis y aves, que pasaba el número de más de dos mil corderos y ovejas; y estos eran degollados, haciendo sus exorcismos diabólicos y sacrificios vanos a su costumbre; y luego denunciaban lo que soñaban o lo que fingían o por ventura lo que el diablo les decía; y al dar de las respuestas teníase gran cuenta en mirar lo que decían y cuántos dellos conformaban en un dicho o suceso de bien o de mal; y así hacían con las demás respuestas, para ver cuál decía verdad y acertaba lo que había de ser en el dicho año.

Esto hecho, luego salían los limosneros de los reyes con las ofrendas que ellos llaman capaccocha y, juntándose la limosna general, eran vueltos los ídolos a los templos; y, si pasado el año habían acaso acertado alguno de aquellos soñadores, alegremente mandaba el Inca que lo fuese de su casa.

La capaccocha, como digo, era ofrenda que se pagaba en lugar de diezmo a los templos, de muchos vasos de oro y plata y de otras piezas y piedras y cargas de mantas ricas y mucho ganado. Y a las que habían salido inciertas y mentirosas no les daban el año venidero ninguna ofrenda, antes perdían reputación. Y para hacer esto se hacían grandes cosas en el Cuzco, mucho más de lo que yo escribo. Y agora, después de fundada la Audiencia y haberse ido Gasca a España, entre algunas cosas que se trataban en ciertos pleitos, se hacía mención de esta capaccocha; y ello y todo lo demás que hemos escrito es cierto que se hacía y usaba. Y contemos agora de la gran fiesta de Hatun Raimi.

Capítulo XXX. De cómo se hacían grandes fiestas y sacrificios a la grande y solemne fiesta llamada Hatun Raimi

Muchas fiestas tenían en el año los Incas, en las cuales hacían grandes sacrificios conforme a la costumbre dellos. Y, ponerlas todas en particular, era menester hacer de solo ello un volumen; y también hacen poco al caso y antes conviene que no se trate de contar los desvaríos y hechicerías que en ellas se hacían, por algunas causas; y solamente porné la fiesta de Hatun Raimi, porque es muy nombrada. En muchas provincias se guardaba y era la principal de todo el año y en que más los Incas se regocijaban y más sacrificios se hacían; y esta fiesta celebraban Por fin de agosto, cuando ya habían cogido sus maíces, papas, quinua, oca y las demás semillas que siembran. Y llaman a esta fiesta, como he dicho, Hatun Raimi, que en nuestra lengua quiere decir fiesta muy solemne, porque en ella se habían de rendir gracias y loores al gran Dios hacedor de los cielos y la tierra, a quien llamaban, como muchas veces he dicho, Ticiviracocha, y al Sol y a la Luna y a los otros dioses suyos, por les haber dado buen año de cosechas para su mantenimiento. Y para celebrar esta fiesta con mayor devoción y solemnidad se dice que ayunaban diez o doce días, absteniéndose de comer demasiado y no dormir con sus mujeres y beber solamente por la mañana, que es cuando ellos comen, chicha y después, en el día, tan solamente agua; y no comer ají ni traer cosa en la boca y otras ceremonias que entre ellos se guardaban en semejantes ayunos. Lo cual pasado, habían traído al Cuzco mucha suma de corderos y de ovejas y de palomas y cuis y otras aves y animales, los cuales mataban para hacer el sacrificio; y habiendo degollado la multitud del ganado untaban con la sangre dellos las estatuas y figuras de sus dioses o diablos y las puertas de los templos y oráculos a donde colgaban las asaduras; y, después de estar un rato, los agoreros y adivinos miraban en los livianos sus señales, como los gentiles, anunciando lo que se les antojaban, a lo cual daban mucho crédito.

Y acabado el sacrificio el gran sacerdote con los demás sacerdotes iban al templo del Sol y después de haber dicho sus salmos malditos, mandaban salir a las vírgenes mamaconas arreadas ricamente y con mucha multitud de chicha que ellas tenían hecha; y entre todos los que se hallaban en la gran ciudad del Cuzco se comían los ganados y aves que para el sacrificio vano se habían muerto y bebían de aquella chicha, que tenían por sagrada, dándosela a beber en grandes vasos de oro y estando ella en tinajas de plata de las muchas que había en el templo.

Y habiendo comido y muchas veces bebido, estando, así el rey como el gran sacerdote, como todos los demás, bien alegres y calientes dello, siendo poco más de mediodía se ponían en orden y comenzaban los hombres a cantar con voz alta los villancicos y romances que para semejantes días por sus mayores fue inventado, que todo era dar gracias a sus dioses, prometiendo de servir los beneficios recibidos. Y para esto tenían muchos atabales de oro engastonados algunos en pedrería, los cuales les tañían sus mujeres, que juntamente con las mamaconas sagradas les ayudaban a cantar.

Y en mitad de la plaza tenían puesto, a lo que dicen, un teatro grande con sus gradas, muy adornado con paños de plumas llenos de chaquira de oro y mantas grandes riquísimas de su tan fina lana, sembrados de argentería de oro y de pedrería. En lo alto de este trono ponían la figura de su Ticiviracocha, grande y rica; al cual, como ellos tenían por Dios soberano hacedor de lo criado, lo ponían en lo más alto y le daban el lugar más eminente y todos los sacerdotes estaban junto a él; y el Inca con los principales y gente común le iban a mochar, tirándose los alpargates, descalzos, con gran humildad; y encogían los hombros y, hinchando los carrillos, soplaban hacia él haciendo la mocha, que es como decir reverencia.

Abajo deste trono se tenía la figura del Sol, que no oso afirmar de lo que era hecha, y también ponían la de la Luna y otros bultos de dioses esculpidos en palos y en piedras; y crean los lectores que tenemos por muy cierto que ni en Jerusalén, Roma ni en Persia ni en ninguna parte del mundo, por ninguna república ni rey dél se juntaba en un lugar tanta riqueza de metales de oro y plata y pedrería como en esta plaza del Cuzco cuando estas fiestas y otras semejantes se hacían; porque eran sacados los bultos de los Incas, reyes suyos, ya muertos, cada uno con su servicio y aparato de oro y plata que tenían, digo los que habiendo sido en vida buenos y valerosos, piadosos con los indios, generosos en les hacer mercedes, perdonadores de injurias; porque a estos tales canonizaba su ceguedad por santos y honraban sus huesos, sin entender que las ánimas ardían en los infiernos, y creían que estaban en el cielo. Y lo mismo era de algunos otros orejones o de otra nación que, por algunas causas que en su gentilidad hallaban, los llamaban también santos. Y llaman ellos a esta manera de canonizar ylla, que quiere decir cuerpo del que fue bueno en la vida; y en otro entendimiento yllapa significa trueno o relámpago; y así llaman los indios a los tiros de artillería yllapa, por el estruendo que hace.

Pues juntos el Inca y el gran sacerdote con los cortesanos del Cuzco y mucha gente que venía de las comarcas, teniendo sus dioses puestos en el tálamo los mochaban, que es hacerles reverencia, lo que ellos usaban ofreciéndoles muchos dones de ídolos de oro pequeños y ovejas de oro y figuras de mujeres, todo pequeño, y otras muchas joyas. Y estaban en esta fiesta de Hatun Raimi quince o veinte días, en los cuales se hacían grandes taquis y borracheras y otras fiestas a su usanza; lo cual pasado daban fin al sacrificio, metiendo los bultos de los ídolos en los templos y los de los Incas muertos en sus casas.

El sacerdote mayor tenía aquella dignidad por su vida y era casado y era tan estimado que competía en razones con el Inca y tenía poder sobre todos los oráculos y templos y quitaba y ponía sacerdotes. El Inca y él jugaban muchas veces a sus juegos; y eran estos tales de gran linaje y de parientes poderosos, y no daban la tal dignidad a hombres bajos ni oscuros, aunque tuviesen mucho crecimiento. Nobles se llaman todos los que vivían en la parte del Cuzco, que llamaban orencuzcos y anancuzcos y los hijos descendientes dellos, aunque en otras partes residiesen en otras tierras. Yo me acuerdo, estando en el Cuzco el año pasado de 1550 por el mes de agosto, después de haber cogido sus sementeras entrar los indios con sus mujeres por la ciudad con gran ruido, trayendo los arados en las manos y algunas pajas y maíz, hacer fiesta en solamente cantar y decir cuanto en o pasado solían festejar sus cosechas. Y porque no consienten los apos y sacerdotes que estas fiestas gentílicas se hagan en público, como solían, ni en secreto lo consentirían, si lo supiesen; pero como haya tantos millares de indios sin se haber vuelto cristianos, de creer es que, en donde no los vean, harán lo que se les antojare. La figura de Ticiviracocha y la del Sol y la Luna y la maroma grande de oro y otras piezas conocidas no se han hallado, ni hay indio ni cristiano que sepa ni atine a dónde están; pero, aunque mucho, esto es poco para lo que está enterrado en el Cuzco y en los oráculos y en otras partes deste gran reino.

Capítulo XXXI. Del segundo rey o Inca que hubo en el Cuzco, llamado Sinchi Roca

Pues con la más brevedad que pude escribí lo que entendí de la gobernación y costumbre de los Incas, quiero volver con mi escritura a contar lo que hubo desde Manco Cápac hasta Guascar, como atrás prometí. Y así, déste como de otros no dan mucha noticia los orejones, porque, a la verdad, hicieron pocas cosas; porque los inventores de lo escrito y los más valerosos de todos ellos fueron Inca Yupanqui y Tupac Inca, su hijo y Guayna Cápac su nieto; aunque también lo debe causar la razón, que ya tengo escrita, de ser éstos los más modernos.

Luego, pues, que fue muerto Manco Cápac y hechos por él los lloros generales y obsequias, Sinchi Roca Inca toma la borla o corona con las ceremonias acostumbradas, procurando luego de alargar la casa del Sol y allegar a sí la mas gente que pudo con halagos y grandes ofrecimientos, llamando, como ya se llamaba a la nueva población, Cuzco. Y algunos de los indios naturales dél afirman que, a donde estaba la grande plaza, que es la misma que agora tiene, había un pequeño lago y tremedal de agua que les era dificultoso para el labrar los edificios grandes que querían comenzar y edificar; mas, como esto fuese conocido por el rey Sinchi Roca, procura con ayuda de sus aliados y vecinos deshacer aquel palude, cegándolo con grandes losas y maderos gruesos, allanando por encima donde el agua solía estar, de tal manera que quedó como agora lo vemos. Y aún cuentan más, que todo valle del Cuzco era estéril y jamás daba buen fruto la tierra dél de lo que sembraron y que de dentro de la gran montaña de los Andes trajeron muchos millares de cargas de tierra, la cual tendieron por él; con lo cual, si es verdad, quedó el valle muy fértil, como agora lo vemos.

Este Inca hubo en su hermana y mujer muchos hijos: al mayor nombraron Lloque Yupanqui. Y visto por los comarcanos al Cuzco la buena orden que tenían los nuevos pobladores que en él estaban y cómo traían a su amistad las gentes más por amor y benevolencia que no por armas ni rigor, algunos capitanes y principales vinieron a con ellos tener sus pláticas, holgándose de ver el templo de Curicancha y la buena orden con que se reglan; que fuese causa que firmaron con ellos amistades de muchas partes. Y dicen más, que, como hubiese venido al Cuzco, entre éstos que digo, un capitán del pueblo que llaman Zañu, no muy lejos de la ciudad, que rogó a Sinchi Roca, con gran vehemencia que en ello puso, que tuviese por bien que una hija que él tenía muy apuesta y hermosa la quisiese recibir para darla por mujer a su hijo, entendido esto por el Inca pesóle, porque era lo que se le pedía cosa que si lo otorgaba iba contra lo establecido y ordenado su padre; y, si no concedía al dicho deste capitán, quél y los demás los ternían por hombres inhumanos, publicando que no eran más de para sí. Y, habiendo tomado consejo con los orejones y principales de la ciudad, pareció a todos que debía de recibir la doncella para la casar con su hijo, porque hasta que tuviesen mas fuerza y potencia no se habían de guiar en aquel caso por lo que su padre dejó mandado. Y así, dicen que respondió al padre de la que había de ser mujer de su hijo que la trajesen y se hicieron las bodas con toda solemnidad, a su costumbre y modo, y fue llamada en el Cuzco Coya; y una hija que tenía el rey, que había de ser mujer de su hermano, fue colocada en el templo de Curicancha, a donde ya habían puesto sacerdotes y se hacían sacrificios delante de la figura del Sol y había porteros para guardarla de las mujeres sagradas de la manera y como está contado. Y como este casamiento se hizo, cuentan los mismos indios que aquella parcialidad se juntó con los vecinos del Cuzco y, haciendo grandes convites y borracheras, confirmaron su hermandad y amistad de ser todos uno. Y por ello se hicieron grandes sacrificios en el cerro de Guanacaure y en Tampuquiro y en el mismo templo de Curicancha. Lo cual pasado, se juntaron más de cuatro mil mancebos y, hechas las ceremonias que para ello se habían inventado, fueron armados caballeros y quedaron tenidos por nobles y les fueron rasgadas las orejas y puestos en ellas aquel redondo que usar solían.

Pasado esto y otras cosas que sucedieron al rey Sinchi Roca, que no sabemos, después de ser viejo y de dejar muchos hijos e hijas murió y fue muy llorado y plañido y le hicieron obsequias muy suntuosas, guardando su bulto para memoria que había sido bueno, creyendo que su ánima descansaba en los cielos.

Capítulo XXXII. Del tercero rey que hubo en el Cuzco, llamado Lloque Yupanqui

Muerto de la manera que se ha contado Sinchi Roca, Lloque Yupanqui, su hijo, fue recibido por Señor, habiendo primero ayunado los días para ellos señalados; y como por sus adivinanzas y pensamientos se tuviese grande esperanza que en lo futuro la ciudad del Cuzco había de florecer, el nuevo rey comenzó a la ennoblecer con nuevos edificios que en ella fueron hechos. Y rogó, a lo que cuentan, a su suegro quisiese con todos sus aliados y confederados pasarse a vivir a su ciudad, a donde le sería guardado su honor y en ella ternía la parte que quisiese, Y el señor o capitán de Zañu haciéndolo así, se le dio y señaló para su vivienda la parte más occidental de la ciudad, la cual, por estar en laderas y collados, se llamó Anancuzco; y en lo llano y más bajo quedóse el rey con su casa y vecindad; y como ya todos eran orejones, que es tanto como decir nobles, y casi todos ellos hubiesen sido en fundar la nueva ciudad, tuviéronse siempre por ilustres las gentes que vivían en los dos lugares de la ciudad llamados Anancuzco y Orencuzco. Y aún algunos indios quisieron decir que el un Inca había de ser uno destos linajes y otro del otro; más no le tengo por cierto ni que es más de lo que los orejones cuentan, que es lo que ya está escrito. Por una parte y otra de la ciudad había grandes barrios en los collados, porque ella estaba atrasada en cerros y quebradas, como se contó en la Primera parte desta Crónica.

No dan relación que en estos tiempos hubiese guerra notable; antes afirman que los del Cuzco, poco a poco, con buenas mañas que para ello tenían allegaban a su amistad muchas gentes de las comarcas de su ciudad y acrecentaban el templo de Curicancha, así en edificios como en riqueza; que ya buscaban metales de plata y oro y dello venía mucho a la ciudad al tianquez o mercado que en ella se hacía; y metíanse en el templo mujeres para no salir dél, según y como está dicho en otros lugares.

Y reinando desta manera Lloque Yupanqui en el Cuzco, pasándosele lo más de su tiempo allegó a ser muy viejo sin haber hijo en su mujer. Mostrando mucho pesar dello los vecinos de la ciudad hicieron grandes sacrificios y plegarias a sus dioses, así en Guanacaure como en Curicancha y en Tamboquiro; y dicen que por uno de aquellos oráculos donde iban [por] respuestas vanas oyeron que el Inca engendraría hijo que le sucediese en el reino; de lo cual mostraron mucho contento y, alegres con la esperanza, ponían al viejo rey encima de su mujer la Coya; y con tales burlas, al cabo de algunos días, claramente se conoció estar preñada y a su tiempo parió un hijo.

Lloque Yupanqui murió, mandando primero que la borla o corona del Imperio fuese puesta y depositada en el templo de Curicancha hasta que su hijo tuviese edad para reinar, al cual pusieron por nombre Mayta Cápac; y por gobernadores dicen que dejó a dos de sus hermanos, los nombres de los cuales no entendí.

Muerto el Inca Yupanqui, fue llorado por todos los criados de su casa y en muchas partes de la ciudad, conforme a la ceguedad que tenían, se mataron muchas mujeres y muchachos con pensar que le habían de ir a servir al cielo, donde ya tenían por cierto que su ánima estaba; y santificándole por santo, mandaron los mayores de la ciudad que fuese hecho bulto para sacar a las fiestas que se hiciesen. Y cierto, grande es el preparamiento que se hacía para enterrar a uno de estos reyes y generalmente en todas las provincias le lloraban y en muchas dellas se trasquilaban las mujeres, ciñéndose sogas de esparto; y al cabo del año se hacían unas lamentaciones y sacrificios gentílicos, mucho más de lo que se puede pensar. Y esto, los que se hallaron en el Cuzco el año de 1550 verían lo que allí pasó sobre las honras de Paulo, cuando le hicieron su cabo de año; que fue tanto, que las más de las dueñas de la ciudad subieron a su casa a lo ver; y yo me hallé presente y, cierto, era para concebir admiración. Y háse de entender que era aquello nada en comparación de lo pasado. Y diré agora de Mayta Cápac.

Capítulo XXXIII. Del cuarto Inca que hubo en el Cuzco, llamado Mayta Cápac; y de lo que pasó en el tiempo de su reinado

Pasado, pues, lo que se ha escrito, Mayta Cápac se fue haciendo grande; el cual, después de haber hecho las ceremonias que se requerían, le fueron abiertas las orejas; y, siendo más hombre, en presencia de muchas gentes, así naturales como extranjeros que para ello se juntaron, recibió la corona o borla del imperio; y porque no tenía hermana con quien casar, tomó por mujer a una hija de un señorete o capitán del pueblo de Oma, que estaba en el Cuzco hasta 2 leguas; la cual por nombre había Mama Cahua Pata.

Hechas las bodas, estaba un barrio cerca de la ciudad donde vivía un linaje de gente a quien llamaban Alcaviquiza, y estos no habían querido tener amistad con los del Cuzco ninguna. Y, estado llenos de sospechas unos de otros dicen que, yendo a tomar agua una mujer del Cuzco a ciertas fuentes que por allí estaban, salió un muchacho del otro barrio y le quebró el cántaro y habló no sé qué palabras; la cual, dando gritos, volvió al Cuzco; y como estos indios son tan alharaquientos, salieron luego con sus armas contra los otros, que también habían tomado las suyas al ruido que oían, para ver en lo que paraba el negocio; y llegando el Inca con su gente cerca se pusieron en orden de pelea, habiendo tomado por achaque cosa tan liviana como entre la india y muchacho había pasado, para querer sojuzgar los del aquel linaje o que la memoria dellos se perdiese.

Y esto por los de Alcaviquiza bien era entendido; y como hombres de valor salieron a la batalla con gran denuedo, que fue la primera que se dio en aquellos tiempos, y pelearon gran rato así los unos como los otros, porque habiendo sido el caso tan súpito no había[n] podido allegar favores ni buscar ayudas los de Alcaviquiza; los cuales, aunque mucho pelearon, fueron vencidos después de ser muertos todos los mas, que casi no escaparon cincuenta con la vida. Y luego el rey Mayta Cápac, tomando posesión en los campos y heredades de los muertos, usando de vencedor lo repartió todo por los vecinos del Cuzco y se hicieron grandes fiestas por la victoria, yendo todos a sacrificar a los oráculos que tenían por sagrados.

Deste Inca no cuentan los orejones más de que Mayta Cápac: reinó en el Cuzco algunos años; y estando allegando gente para salir a lo que llaman Condesuyo le vino tal enfermedad que hubo de morir, dejando por su heredero al hijo mayor, llamado Cápac Yupanqui.

Capítulo XXXIV. Del quinto rey que hubo en el Cuzco, llamado Cápac Yupanqui

Páreceme que destos Incas que al principio de la fundación del Cuzco reinaron en aquella ciudad, que los indios cuentan pocas cosas dello; y, cierto, debe ser lo que dicen, que entre los Incas cuatro o cinco dellos fueron [los que] tanto se señalaron y que ordenaron e hicieron lo que ya [he] escrito.

Muerto Mayta Cápac, le fueron hechas las obsequias como se usaba entre ellos y, habiendo puesto su bulto en el templo para lo canonizar por santo conforme a su ceguedad Cápac Yupanqui tomó la borla con grandes fiestas que para solemnizar la coronación fueron hechas; y para ello de todas partes vinieron gentes. Y pasadas las alegrías, que lo más es beber y cantar, el Inca determinó de ir a hacer sacrificio al cerro de Guanacaure, acompañado del Gran Sacerdote y de los ministros del templo y de muchos orejones y vecinos de la ciudad.

Y [como] en la provincia de Condesuyo se había entendido cómo al tiempo que el Inca pasado murió estaba determinado de él ir a dar guerra, habíanse apercibido porque no los tomase descuidados; y dende a pocos días tuvieron también noticias de su muerte y de la salida que quería hacer Cápac Yupanqui, su hijo; a hacer sacrificios al cerro de Guanacaure, y determinaron de venir a le dar guerra y a coger el despojo, si con la victoria quedasen. Y así lo pusieron por obra y salieron de un pueblo que está en aquella comarca, a quien llaman Marca, y así llegaron a donde ya era venido el Inca, que siendo avisado de lo que pasaba estaba a punto aguardando lo que viniese; y sin se pasar muchos días se juntaron unos con otros y se dieron batalla, la cual duró mucho espacio y que todos pelearon animosamente; mas, al fin, los de Condesuyo fueron vencidos con muerte de muchos dellos; y así, el sacrificio se hizo con más alegría, matando algunos hombres y mujeres, conforme a su ceguedad, y mucho ganado de ovejas y corderos, en las asaduras de los cuales pronosticaban sus desvaríos y liviandades. Acabados estos sacrificios grandes fiestas y alegrías por la victoria que había habido.

Los que escaparon de los enemigos, como mejor pudieron, fueron a parar a su provincia, a donde de nuevo procuraron de allegar gente y buscar favores, publicando que habían de morir o destruir la ciudad del Cuzco, matando todos los advenedizos que en ella estaban; y con mucha soberbia, inflamados en ira, se daban prisa a recoger armas y, sin ver el templo de Curicancha, repartían entre ellos mismos las señoras que en él estaban. Y estando aparejados, se fueron hacia el [cerro] de Guanacaure, para desde allí entrar en el Cuzco, donde había aviso destos movimientos y Cápac Yupanqui había juntado todos los comarcanos al Cuzco y confederados. Y con los orejones aguardó a sus enemigos, hasta que supo estar cerca del Cuzco, a donde fueron a encontrarse con ellos, y entre los unos y los otros se dio la batalla, animando cada capitán a su gente. Mas, aunque los de Condesuyo pelearon hasta más no poder, fueron vencidos segunda vez con muerte de más de seis mil hombres dellos y los que escaparon volvieron huyendo a sus tierras.

Cápac Yupanqui los fue siguiendo hasta su propia tierra, donde les hizo la guerra de tal manera que vinieron a pedir paz, ofreciendo de reconocer al Señor del Cuzco, como lo hacían los otros pueblos que estaban en su amistad. Cápac Yupanqui los perdonó y se mostró muy alegre con todos, mandando a los suyos que no hiciesen daño ni robasen nada a los que ya tenían por amigos. Y en aquella comarca fueron luego buscadas algunas doncellas hermosas para llevar al templo del Sol que estaba en el Cuzco. Y Cápac Yupanqui anduvo algunos días por aquellas comarcas imponiendo a los naturales dellas en que viviesen ordenadamente, sin tener sus pueblos por los altos y peñascos de nieve; y así fue hecho como él lo mandó y volvióse a su ciudad.

La cual se iba ennobleciendo más cada día y se adornaba el templo de Curicancha; y mandó hacer una casa para su morada, que era la mejor que hasta en aquel tiempo se había hecho en el Cuzco. Y cuentan que hubo en la Coya, su legítima mujer, hijos que le sucedieron en el señorío; y como ya se extendiese la fama por todas las provincias comarcanas del Cuzco de la estada en ella de los Incas y orejones y del templo que habían fundado y de cuanta razón y de buena orden había en ellos y de cómo andaban vestidos y aderezados, y de todo esto se espantaban y la fama discurría por todas partes, dando pregones destas cosas.

Y en aquellos tiempos los que tenían señorío a la parte del Poniente de la ciudad del Cuzco, y se extendía hasta donde agora es Andaguaylas, como los oyesen enviaron a Cápac Yupanqui sus embajadores con grandes dones y presentes, enviándole a rogar los quisiese tener por amigos y confederados suyos; a lo cual respondió el Inca muy bien, dándoles ricas piezas de oro y de plata que diesen a los que los enviaron. Y haciéndoles buen tratamiento y hospedaje, estuvieron estos mensajeros algunos días en la ciudad, pareciéndoles más lo que veían que no lo que habían oído; y así lo contaron en sus tierras, desde que allá fueron vueltos. Y algunos de los orejones del Cuzco afirman que la lengua general que se usó por todas las provincias, que le la que usaban y hablaban estos Quichoas, los cuales fueron tenidos por sus comarcanos por muy valientes, hasta que los Chancas los destruyeron. Habiendo, pues, el Inca Cápac Yupanqui vivido muchos años, [murió] siendo ya muy viejo; y, habiendo ya pasado los lloros y días de sus honras, su hijo fue recibido sin contraste ninguno por el rey del Cuzco, como su padre lo había sido: el cual había por nombre Inca Roca Inca.

Capítulo XXXV. Del sexto rey que hubo en el Cuzco y lo que pasó en sus tiempos y de la fábula o historia que cuentan del río que pasa por medio de la ciudad del Cuzco

Muerto por la manera que se ha contado Cápac Yupanqui, sucedió en el señorío Inca, su hijo, y para el tomar de la borla vinieron, como lo solían hacer, de muchas partes número grande de gente a se hallar presentes a ello; y fueron hechos grandes sacrificios en los oráculos y templos, conforme a su ceguedad. Y cuentan estos indios que al tiempo que le fueron rasgadas las orejas a este Inca para poner en ellas aquel redondo que hoy en día traen los orejones, que le dolió mucho la una dellas, tanto que se salió de la ciudad con esta fatiga y fue a un cerro que está cerca de ella muy alto, a quien llaman Chaca, a donde mandó a sus mujeres y a la Coya, su hermana Micai Coca, la cual en vida de su padre había recibido por mujer, que con él estuviese. Y cuentan en este paso que sucedió fabuloso, el cual fue que como en aquel tiempo no corriese por la ciudad ni pasase ningún arroyo ni río, que no se tenía por poca falta y necesidad porque cuando hacía calor se iban a bañar por la redonda de la ciudad en los ríos que había y aún sin calor se bañaban, y para proveimiento de los moradores había fuentes pequeñas, las que agora hay; y estando en este cerro el Inca desviado algo de su gente comenzó a hacer su oración el gran Ticiviracocha y a Guanacaure y al Sol y a los Incas sus padres y abuelos, para que quisiesen declararle cómo y por dónde podrían, a fuerzas de manos de hombre, llevar algún río o acequia a la ciudad: y que estando en su oración se oyó un trueno grande, tanto que espantó a todos los que allí estaban; y aquel mismo Inca, con el miedo que recibió, abajó hasta poner la oreja izquierda en el suelo, de la cual le corría mucha sangre; y que, súbitamente, oyó un gran ruido de agua que por debajo de aquel lugar iba; y que, visto el misterio, con mucha alegría mandó que viniesen muchos indios de la ciudad, los cuales con prisa grande cavaron hasta que toparon con el golpe de agua que, habiendo abierto camino por las entrañas de la tierra, iba caminando sin dar provecho.

Y prosiguiendo con este cuento, dicen más, que después que mucho hubieron cavado y vieron el ojo de agua hicieron grandes sacrificios a sus dioses, creyendo que por virtud de su deidad aquel beneficio les había venido; y que con mucha alegría se dieron tal maña que llevaron el agua por medio de la ciudad, habiendo primero enlosado el suelo con losas grandes, sacando con cimientos fuertes unas paredes de buena piedra por una parte y por otra del río; y, para pasar por él, se hicieron a trechos algunos puentes de piedra.

Este río yo lo he visto y es verdad que corre de la manera que cuentan, viniendo el nacimiento de hacia aquella sierra. Lo demás, no sé lo que es, más de escribir lo que sobre ello cuentan; y bien podría ser algún ojo de agua metido en la misma tierra sin ser visto ni oído el ruido del agua, hechallo por la ciudad como agora lo vemos; porque en muchas partes deste gran reino van o corren ríos grandes y pequeños por debajo de la tierra, como ternán noticia los que por los llanos y sierras dél hubieren andado. En este tiempo muladares grandes hay por la orilla deste río, lleno de inmundicias y bascosidades lo que no estaba en tiempo de los Incas, sino muy limpio, corriendo el agua por encima de las losas dichas; y algunas veces se iban a lavar los Incas con sus mujeres; y en diversas veces han algunos españoles hallado cantidad de oro, no puro sino en joyas menudas y de sus topos que dejaban o se les caían cuando se bañaban.

Después de pasado esto Inca Roca salió, a lo que dicen, del Cuzco a hacer sacrificios, procurando con grandes mañas y buenas palabras atraer a su amistad las gentes que más podía; y salió y fue hacia lo que llaman Condesuyo; a donde, en el lugar que llaman Pomatambo, tuvo una batalla con los naturales de aquellas comarcas, de la cual quedó por vencedor y señor de todos; porque, perdonando con muchas liberalidades y comunicando con ellos sus cosas grandes, le tomaron amor y ofrecieron a su servicio obligándose de le acudir con tributos. Después de haber estado algunos días en Condesuyo y visitado los oráculos y templos que hay por aquellas tierras se volvió victorioso al Cuzco yendo dél indios principales guardando su persona con hachas y alabardas de oro.

Tuvo este Inca muchos hijos y no hija ninguna; y habiendo ordenado y mandado algunas cosas grandes y de importancia para la gobernación murió, habiendo primero casado a su primogénito, que por nombre había Inca Yupanqui, con una señora natural de Ayarmaca, a quien nombraban Mama Chiquia.

Capítulo XXXVI. Del séptimo rey o Inca que en el Cuzco hubo, llamado Inca Yupanqui

Muerto que fue Inca Roca acudieron de Condesuyo, Vicos, de Ayarmaca y de las otras partes con que había asentado alianza y amistad mucha gente, así hombres como mujeres, y fueron hechos grandes llantos por el rey difunto; y muchas mujeres de las que en vida le amaron y sirvieron, conforme a la ceguedad de los indios general, de sus mismos cabellos se ahorcaron y otras se mataron por otros modos, para de presto enviar sus ánimas para servir a la de Inca Roca; y en la sepultura, que fue magnífica y suntuosa, echaron grandes tesoros y mayor cantidad de mujeres y sirvientes con mantenimientos y ropa fina.

Ninguna sepultura destos reyes se ha hallado; y para que se conozca si serían ricas o no, no es menester más prueba que, pues se hallaban en sepulturas comunes a 60.000 pesos de oro y más y menos, ¿qué serían las que metían estos que tanto deste metal poseyeron y que tenían por cosa importantísima salir deste siglo ricos y adornados?

Así mismo le fue hecho bulto a Inca Roca, contándole por uno de sus dioses, creyendo que ya descansaba en el cielo.

Pasados los lloros y hechas las obsequias, el nuevo Inca se encerró a hacer el ayuno; y, porque con su ausencia no recreciese alguna sedición o levantamiento de pueblo, mandó que uno de los más principales de su linaje estuviese en público representando su misma persona; al cual dio poder para que pudiese castigar al que hiciese por qué, y tener a ciudad en todo sosiego y paz hasta que él saliese con la insignia real de la borla. Y este Inca dicen que tienen por noticia que fue de gentil presencia, grave y de autoridad. El cual entró en lo más secreto de su palacio, a donde hizo el ayuno, metiéndole a tiempos el maíz con lo que más comía, y se estaba sin tener ayuntamiento carnal con mujer. Acabado, se salió luego, mostrando con su vista las gentes gran contento; y se hicieron sus fiestas y sacrificios grandes; y, pasadas las fiestas, mandó el Inca que se trajese de todas partes cantidad de oro y plata para el templo; y se hizo en el Cuzco la piedra que llaman de la guerra, grande, y las engastonadas en oro y piedras.

Capítulo XXXVII. Cómo queriendo salir este Inca a hacer guerra por la provincia del Collao se levantó cierto alboroto en el Cuzco y de cómo los Chancas vencieron a los Quechuas y les ganaron su señorío

Estando Inca Yupanqui en el Cuzco procurando de lo ennoblecer determinó de ir a Collasuyo, que son las provincias que caen a la parte del Austro de la ciudad, porque tuvo aviso que los descendientes de Zapana, que señoreaban la parte de Atuncollao, eran ya muy poderosos y estaban tan soberbios que hacían junta de gente para venir sobre el Cuzco; y así mandó apercibir sus gentes. Y como el Cuzco mucho tiempo no sufre paz, cuentan los indios que, como hubiese allegado mucha gente Inca Yupanqui para la jornada que quería hacer, estando ya para se partir, como hubiesen venido algunos capitanes de Condesuyo con gente de guerra, trataron entre sí de matar al Inca, porque si de aquella jornada salía con victoria quedaría tan estimado que a todos querría tener por vasallos y criados. Y así, dicen que estando el Inca en sus fiestas algo alegre con el mucho vino que bebían, allegó uno de los de la liga y que habían tomado el partido ya dicho y alzando el brazo descargó un golpe de bastón en la cabeza real: y que el Inca, turbado y con ánimo, se levantó diciendo: «¿Qué hiciste, traidor?». Y ya los de Condesuyo habían hecho muchas muertes; y el mismo Inca se pensó guarecer con irse al templo; mas fue en vano pensarlo, porque alcanzado de sus enemigos le mataron, haciendo lo mismo a muchas de sus mujeres.

Andaba gran ruido en la ciudad, tanto que no se entendían los unos a los otros: los sacerdotes se habían recogido al templo y las mujeres de la ciudad, aullando, tiraban de sus cabellos, espantadas de ver al Inca muerto de sangre, como si fuera algún hombre vil. Y muchos de los vecinos quisieron desamparar la ciudad y los matadores la querían poner a saco, cuando, cuentan que, haciendo gran ruido de truenos y relámpagos, cayó tanta agua del cielo que los de Condesuyo temieron y sin proseguir adelante se volvieron, conteniéndose con el daño que habían hecho.

Y [dicen] los indios que en este tiempo eran señores de la provincia que llamaban Andaguailas los Quichuas[73] y que de junto a un lago que había por nombre Choclococha[74] salieron cantidad de gente con dos capitanes llamados Guataca y Uasco, los cuales vinieron conquistando por donde venían, hasta que llegaron a la provincia dicha; y como los moradores della supieron su venida, se pusieron a punto de guerra animándose los unos a los otros, diciendo que sería justo dar la muerte a los que habían venido contra ellos; y así, saliendo por una puerta que va a salir hacia los Aimaraes los Chancas con sus capitanes venían acercándose a ellos de manera que se juntaron y tuvieron algunas pláticas los unos con los otros y, sin quedar

---

73 V. el cap. XC de la Primera parte de la *Crónica del Perú*.
74 *Sachoclococha*, en n. orig.

avenidos, se dio la batalla entre ellos; que cierto según la fama pregona, fue reñida y la victoria estuvo dudosa; mas al fin, los Quichuas fueron vencidos y tratados cruelmente, matando a todos los que podían a las manos haber, sin perdonar a los niños tiernos, ni a los inútiles viejos, tomando a sus mujeres por mancebas. Y, hechos otros daños, se hicieron señores de aquella provincia y la poseyeron como hoy día la mandaban sus descendientes. Y esto helo contado porque adelante se ha de hacer mucha mención de estos Chancas.

Y volviendo a la materia, como los de Condesuyo se fueron del Cuzco fue limpiada la ciudad de los muertos y hechos grandes sacrificios: y se dice por muy cierto que a Inca Yupanqui no se le hizo en su entierro la honra que a los pasados ni le pusieron bulto como a ellos y no dejó hijo ninguno.

Capítulo XXXVIII. Cómo los orejones trataron sobre quién sería Inca y lo que pasó hasta que salió con la borla Viracocha Inca, que fue el octavo rey que reinó

Pasado lo que se contó conforme a la relación que los orejones del Cuzco dan de estas cosas, dicen más, que como se hubiese hecho grandes lloros por la muerte del Inca, se trató entre los principales de la ciudad quién sería llamado rey y merecía tener la tal dignidad. Sobre esto había diversas opiniones; y porque tales hubo que querían que no hubiese rey, sino que gobernasen la ciudad los que señalasen, otros decían que se perdía sin tener cabeza.

Sobre estas cosas había gran ruido; y temiendo su porfía se cuenta que salió una mujer de través de los Anancuzcos, la cual dijo: «¿En qué estáis ahí? ¿Por qué no tomáis a Viracocha Inca, pues lo merece tan bien?» Oída esta palabra, como son tan determinables estas gentes, dejando los vasos del vino a gran prisa fueron por Viracocha Inca, hijo de Inca Yupanqui[75] diciéndole, como le vieron, que ayunase lo acostumbrado y recibiese la borla que darle querían. Viniendo Viracocha en ello, se entró a hacer el ayuno y encargó la ciudad a Inca Roca Inca, su pariente, y salió al tiempo con la corona, muy adornado, y se hicieron fiestas solemnes en el Cuzco y

---

75   Así, aunque antes dijo que Inca Yupanqui no dejó hijo ninguno. En esto, como en otras muchas cosas, Cieza se separa de todos los analistas inqueños.

que muchos días duraron, mostrando todos gran contento con la elección del nuevo Inca.

Del cual algunos quisieron decir que este Inca se llamó Viracocha por venir de otras partes y que traía traje diferenciado y que en las facciones y aspectos mostró ser como un español, porque traía barbas. Cuentan otras cosas que más cansarán si as hubiese de escribir. Yo pregunté en el Cuzco a Cayo Tayar Yupanqui y a los otros más principales que en el Cuzco me dieron la relación de los Incas que yo voy escribiendo y me respondieron ser burla y que nada es verdad; porque Viracocha Inca fue nacido en el Cuzco y criado y que lo mismo fueron sus padres y abuelos; y que el nombre de Viracocha se lo pusieron por nombre particular, como lo tiene cada uno.

Y como le fue entregada la corona, se casó con él una señora principal llamada Runtu Caya,[76] muy hermosa. Y como la fiesta del regocijo hubiese pasado determinó de salir a conquistar algunos pueblos de la redonda del Cuzco que no habían querido el amistad de los Incas pasados, confiados en la fuerza de sus pucaraes; y con la gente que quiso juntar salió del Cuzco con sus ricas andas, con guarda de los más principales, y enderezó su camino a lo que llamaban Calca,[77] donde habían sido recibidos sus mensajeros con mucha soberbia; mas, como supieron [que] los del Cuzco ya estaban cerca dellos, se juntaron armándose de sus armas y se ponían por los altos de los collados en sus fuerzas y albarradas, de do desgalgaban[78] grandes piedras encaminadas a los reales del Inca para que matasen a los que alcanzasen. Y los enemigos, poniéndolo por obra, subieron por la sierra y, a pesar de los contrarios, pudieron ganarles una de aquellas fuerzas. Como los de Calca[79] vieron [a] los del Cuzco en sus fuerzas salieron a una gran plaza, a donde pelearon con ellos reciamente y duró la batalla desde por la mañana hasta el medio día y murieron muchos de entrambas partes y fueron más los presos. La victoria quedó por los del Cuzco.

---

76 *Rondo-caya*, en n. orig.
77 *Cale*, en n. orig.
78 *De donde ogalgaban*, en n. orig.
79 *Calua*, en n. orig.

El Inca estaba junto a un río, donde tenía asentados sus reales, y como supo la victoria sintió mucha alegría. Y en esto, sus capitanes abajaban con la presa y cautivos. Y los indios que habían escapado de la batalla con otros capitanes de Calca y de sus comarcas, mirando que, pues tan mal les había cuadrado el pensamiento, que el final remedio que les quedaba era tentar la fe del vencedor y pedirle paz con obligarse a servidumbre moderada, como otros muchos hacían, y así acordado, salieron por una parte de la sierra diciendo a voces grandes: «Viva, para siempre viva el poderoso Inca Viracocha, nuestro Señor». Al ruido que hacía el resonante de las voces se pusieron en armas los del Cuzco, mas no pasó mucho tiempo cuando ya los vencidos estaban postrados por tierra delante de Viracocha Inca; a donde, sin levantar, uno que entre ellos se tenía por más sabio, alzando la voz, comenzó a decir: «Ni te debes, Inca, ensoberbecer con la victoria que Dios te ha dado, ni tener en poco a nosotros por ser vencidos, pues a ti y a los Incas es permitido señorear las gentes y a nosotros es dado con todas nuestras fuerzas defender la libertad que de nuestros padres heredamos y, cuando con ello salir no pudiéramos, obedecer y recibir con buen ánimo la sujeción.[80] Por tanto, manda que ya no muera más gente ni se haga daño y dispón de nosotros a tu voluntad». Y como el indio principal hubo dicho estas palabras, los demás que allí estaban dieron aullidos grandes, pidiendo misericordia.

El rey respondió que, si daño venido les había, que su ira había sido la culpa, pues al principio no quisieron creer sus palabras ni tener su amistad, de que a él había pesado; y liberalmente les otorgó que pudiesen estar en su tierra poseyendo, como primero, sus haciendas, con tanto que, a tiempo y conforme a las leyes, tributasen de lo que hubiese en sus pueblos al Cuzco; y que dellos mismos fuesen luego a la ciudad y le hiciesen dos palacios, uno dentro della y otro en Caqui [xahuana],[81] para se salir a recrear. Respondió que lo harían y el Inca mandó soltar los cautivos sin que uno solo faltase y restituir sus haciendas a los que ya tenían por sus confederados; y para que entendiesen lo que habían de hacer y entre ellos no hubiese

---

80 *Subcesion*, en n. orig.
81 Así, por *Caqui* o *Xaqui*; pero falta *Xahuana*, como puede verse más adelante en el capí-
     tulo que trata de los tiranos del Collao, Cari y Zapana.

disensiones, mandó quedar un delegado suyo con poder grande, sin quitar el señorío al señor natural.

Pasado lo que se ha escrito, Inca Viracocha envió un mensajero a llamar a los de Caitomarca,[82] que estaban de la otra parte de un río hechos fuertes, sin jamás haber querido tener amistad con los Incas que había habido en el Cuzco; y como llegó [el] mensajero de Viracocha Inca le maltrataron de palabra, llamando al Inca loco, pues así creía que ligeramente se habían de someter a su señorío.

Capítulo XXXIX. De cómo Viracocha Inca tiró una piedra de fuego con su honda a Caitomarca y cómo le hicieron reverencia

Luego que hubo enviado el mensajero Viracocha Inca mandó a sus gentes que, alzado el real, caminasen para se acercar a Caitomarca. Y andando por el camino, llegó junto a un río, a donde mandó que parasen para refrescar; y estando en aquel lugar llegó el mensajero, el cual contó cómo los de Caitomarca habían burlado dél y cómo decían que ningún temor tenían a los Incas. Y como fue entendido por Viracocha Inca con gran sana subió en las andas, mandando a los suyos que caminasen a toda prisa; y así lo hicieron hasta ser llegados a la ribera de un río caudaloso y de gran corriente, que creo yo deber ser el de Yucay,[83] y mandó poner sus tiendas el Inca y quisiera combatir el pueblo de los enemigos que de la otra parte del río estaban; mas iba el río tan furioso, que no se pudo poner en efecto. Los de Caitomarca llegaron a la ribera, desde donde con las hondas lanzaban muchas piedras al real del Inca y comenzaron de una y otra parte a dar voces y gritos grandes; porque en esto es extraña la costumbre conque las gentes de acá pelean unos con otros y cuán poco dejan a sus bocas reposar.

Dos días cuentan que estuvo en aquel río el Inca sin pasarlo, que no había puente ni tampoco se usaban las que agora hay antes que hubiese Incas; porque unos dicen que sí y otros afirman que no. Y como pasase el río Viracocha Inca, dicen que mandó poner en un gran fuego una piedra pequeña y como estuviese bien caliente, puesto en ella cierta mixtura o

---

82   *Cutomarca*, en n. orig.
83   Y lo es en efecto.

confación para que pudiese en donde tocase emprender la lumbre, la mandó poner en una honda de hilo de oro conque, cuando a él placía, tiraba piedras, y con gran fuerza la echó en el pueblo de Caitomarca; y acertó a caer en el alar de una casa que estaba cubierta con paja bien seca y luego con ruido ardió de tal manera que los indios acudieron por ser de noche al fuego que velan en la casa, preguntándose unos a otros qué había sido aquello y quien había puesto el fuego a la casa. Y salió de través una vieja, la cual dicen que dijo: «Mirá lo que os digo y lo que os conviniere, sin pensar que de acá se haya puesto fuego a la casa, antes creed que vino del cielo, porque yo lo vi en una piedra ardiendo que, cayendo de lo alto, dio en la casa, y la paró tal como la veis».

Pues como los principales y mandones con los más viejos del pueblo aquello oyeron, siendo, como son, tan grandes agoreros y hechiceros, creyeron que la piedra había sido enviado por mano de Dios para castigarlos porque no querían obedecer al Inca; y luego, sin aguardar respuesta de oráculo ni hacer sacrificio ninguno, pasaron el río en balsas llevando presentes al Inca: y como fueron delante [de] su presencia pidieron la paz, haciéndole grandes ofrecimientos con sus personas y haciendas así como lo hacían los confederados suyos.

Sabido por Viracocha Inca lo que habían dicho los de Caitomarca les respondió con gran disimulación que, si aquel día no hubieran sido cuerdos en venir, que el siguiente tenía determinado de dar en ellos con grandes balsas que había mandado hacer. Y pasado esto, se hizo el asiento entre los de Caitomarca y el Inca; el cual dio al capitán o señor de aquel pueblo una de sus mujeres, natural del Cuzco, la cual fue estimada y tenida en mucho.

Por la comarca destos pueblos corría la fama de los hechos del Inca y muchos, por el sonido della, sin ver las armas de los del Cuzco se le mandaban a ofrecer por amigos y aliados del rey Inca, que no poco contento con ello mostraba tener, hablando a los unos y a los otros amorosamente y mostrando para con todos gran benevolencia proveyendo de lo que él podía a los que veía tener necesidad. Y, como vido que podía juntar grande ejército, determinó de hacer llamamiento de gente para ir en persona a lo de Condesuyo.

Capítulo XL. De cómo en el Cuzco se levantó un tirano y del alboroto que hubo y de cómo fueron castigadas ciertas mamaconas porque, contra su religión, usaban de sus cuerpos feamente; y de cómo Viracocha Inca volvió al Cuzco

De todas las cosas que a Viracocha sucedían iban al Cuzco las nuevas; y como en la ciudad se contase la guerra que tenía con los de Caitomarca dicen que se levantó un tirano hermano de Inca Yupanqui el pasado, el cual, habiendo estado muy sentido porque el señorío y mando de la ciudad se había dado a Viracocha inca y no a él y aguardaba tiempo oportuno para procurar de haber el señorío. Y este pensamiento tenía éste porque hallaba favor en alguno de los orejones y principales del Cuzco del linaje de los Orencuzco; y con la nueva desta guerra que el Inca tenía, pareciéndoles que tenía harto que hacer en la fenecer, animaban a este que digo para que, sin más aguardar, matase al que en la ciudad por gobernador había quedado, para se apoderar della.

Cápac, que así había por nombre, codicioso del señorío, juntados sus aliados en un día que estaban en el templo del Sol todos los más de los orejones y entre ellos Inca Roca el gobernador del Inca Viracocha, tomando las armas, publicando libertad del pueblo y que Viracocha Inca no pudo haber el señorío, arremetieron para el lugarteniente y lo mataron así a él como a otros muchos; la sangre de los cuales regaba los altares donde estaban las aras y santuarios y las figuras del Sol. Las mamaconas con los sacerdotes salieron con gran ruido, maldiciendo a los matadores, diciendo que tan gran pecado gran castigo merecía. De la ciudad acudió gran golpe de gente a ver lo que era; y entendido, unos, aprobando lo hecho, se juntaron con Cápac; otros, pesándoles, se pusieron en armas sin querer pasar por ello; y así, habiendo división, caían muchos muertos de una parte y de otra. La ciudad se alborotó en tanta manera que, reendiendo por los aires el sonido de sus propias voces, no se oían ni entendían. En esto, prevaleciendo el tirano, se apoderó de la ciudad matando a todas las mujeres del Inca, aunque las más principales habían ido con él. Huyéronse de la ciudad algunas, las cuales fueron a parar a donde Viracocha Inca estaba; y como por él fue entendido, disimulando el pesar que sintió, mandó a su gente que caminasen la vía del Cuzco.

Pues volviendo a Cápac el tirano, como hubo tomado la ciudad en sí quiso salir en público con la borla, para por todos ser tenido por rey; mas como el primer ímpetu fuese pasado y aquel furor conque los hombres, saliendo de su entero juicio, acometen grandes maldades, los mismos que lo incitaron a que se levantase, riéndose de que quisiese la dignidad real le injuriaron de palabra y le desampararon, saliendo a encontrarse con el verdadero Señor, a quien pidieron perdón por lo que había cometido.

A Cápac no le faltó ánimo para llevar el negocio adelante; mas, viendo la poca parte que era, muy turbado, viendo la mudanza tan súpita maldecía a los que le habían engañado y a sí propio, por fiarse dellos; y por no ver con sus ojos al rey Inca castigó el mismo su yerro, tomando ponzoña, [de que] cuentan que murió. Sus mujeres e hijos con otros parientes le imitaron en la muerte.

La nueva de todo esto iba a los reales del Inca, el cual, como llegase a la ciudad y entrase en ella, fue derecho al templo del Sol a hacer sacrificios. Los cuerpos de Cápac y de los otros que se habían muerto mandó que fuesen echados en los campos para ser manjar de las aves y, buscando los participantes en la traición, fueron condenados a muerte.

Entendido por los confederados y amigos de Viracocha Inca lo sucedido, le enviaron muchas embajadas con grandes presentes y ofrecimientos, congratulándose con él; y a estas embajadas respondió alegremente.

En este tiempo dicen los orejones que había en el templo del Sol muchas señoras vírgenes, las cuales eran muy honradas y estimadas y no entendían en más de lo por mí dicho en muchas partes desta Historia. Y cuentan que cuatro dellas usaban feamente de sus cuerpos con ciertos porteros de los que las guardaban; y, siendo sentidas, fueron presas y lo mismo a los adulteradores, y el sacerdote mayor mandó que fuesen justiciados ellas y ellos.

El Inca estaba con determinación a lo de Condesuyo, mas, hallándose cansado y viejo, lo dejó. Por entonces mandó que le fuesen hechos en el valle de Xaquixaguana unos palacios para salirse a recrear en ellos; y como tuviese muchos hijos y conociese que el mayor de ellos, que había por nombre Inca Urco, en quien había de quedar el mando del reino, tenía malas costumbres y era vicioso y muy cobarde, deseaba privarlo del señorío para lo dar a otro más mancebo, que por nombre había Inca Yupanqui.

Capítulo XLI. De cómo vinieron al Cuzco embajadores de los tiranos del Collao, nombrados Sinchi Cari[84] y Capana, y de la salida de Viracocha Inca al Collao[85]

Muchas historias y acaecimientos pasaron entre los naturales desta provincia en estos tiempos; mas, como yo tengo por costumbre de contar solamente lo que yo tengo por cierto según las opiniones de los hombres de acá y la relación que tomé en el Cuzco, dejo lo que ignoro y muy claramente no entendí y trataré lo que alcance, como ya muchas veces he dicho. Y así, es público entre los orejones que en este tiempo vinieron al Cuzco embajadores de la provincia del Collao; porque cuentan que reinando Inca Viracocha, poseía el señorío de Hatun[86] Collao un señor llamado Çapana, como otro que hubo deste nombre; y que como en el palude de Titicaca[87] hubiese islas pobladas de gente, con grandes balsas entró en las islas, a donde peleó con los naturales dellas y se dieron entre ellos grandes batallas, de las cuales el Cari[88] salió vencedor,[89] mas, que no pretendía otro honor ni señorío más que robar y destruir los pueblos y, cargado con el despojo, sin querer traer cautivos, dio la vuelta a Chucuito, a donde había hecho su asiento y por su mandado se habían poblado los pueblos de Hilave, Julli, Cepita, Pumata[90] y otros; y con la gente que pudo juntar, después de haber fecho grandes sacrificios a sus dioses o demonios, determinó de salir a la provincia de los Canas; los cuales, como lo supieron, apellidándose unos [a otros] salieron a encontrarse con él y se dieron batalla, en la cual fueron los Canas vencidos con muerte de muchos dellos. Habido esta victoria por Cari, determinó de pasar adelante y, haciéndolo así llegó hasta Lurocachi, a donde dicen que se dio otra batalla entre los mismos Canas y en la cual tuvieron la misma fortuna que en las pasadas.

---

84   *Chinchipari*, en n. orig.
85   *El Collero*, en n. orig.
86   *Hatrin*, en n. orig.
87   *Tiraca*, en n. orig.
88   *Candi*, en n. orig.
89   V. Cap. C de la *Primera parte de la crónica del Perú*.
90   *Ilabaxula e Itapumata*, en n. orig.

Con estas victorias estaba muy soberbio Cari y la nueva había corrido por todas partes; y como Çapana, el Señor de Hatum Collao, lo supiese, pesóle por el bien del otro y mandó juntar sus amigos y vasallos, para le salir al camino y quitarle el despojo; mas no se pudo hacer tan secreta la junta que Cari no entendiese el designio que Çapana tenía con buena orden se retiró a Chucuito por camino desviado, de manera que Çapana no le pudiese molestar, y, llegado a su tierra, mandó juntar los principales della para que estuviesen apercibidos para lo que Çapana intentase, teniendo propósito de procurar su destrucción y que en el Collao uno solo fuese el Señor; y este mismo pensamiento tenía Çapana.

Y como se divulgase por todo este reino el valor de los Incas y su gran poder y la valentía de Viracocha Inca, que reinaba en el Cuzco, cada uno destos, queriendo granjear su amistad, la procuraron con embajadores que le enviaron para que quisiese mostrarse su velador y ser contra su enemigo. Partidos estos mensajeros con grandes presentes llegaron al Cuzco al tiempo quel Inca venía de los palacios o tambos que para su pasatiempo había mandado hacer en Xaquixaguana; y entendido a lo que venían, los oyó mandando que los aposentasen en la ciudad y proveyesen de lo necesario; y tomando parecer con los orejones y ancianos de su consejo sobre lo que haría en lo tocante a las embajadas que habían venido del Collao, se acordó de pedir respuesta en los oráculos. Lo cual hacen delante de los ídolos los sacerdotes y, encogiendo sus hombros, meten la barba en los pechos y haciendo grandes papos que ellos mismos parecen fieros diablos, comienzan [a] hablar con voz alta y entonada. Algunas veces, yo, por mis ojos, ciertamente he oído hablar a indios con el Demonio; y en la provincia de Cartagena, en un pueblo marítimo llamado Bahayre, oí responder al Demonio en silvo tenorio y con tales tenores que yo no sé cómo lo diga, más [de] que un cristiano que estaba en el mismo pueblo más de media legua de donde yo estaba oyó el mismo silvo y despanto estuvo algo mal dispuesto; y los indios dieron grandísima grita otro día por la mañana publicando la respuesta del Diablo. Y en algunas partes desta tierra, como los difuntos los tengan en hamacas, entran en los cuerpos los demonios algunas veces y responden. A un Aranda oí yo decir quen la isla de Cárex[91] vio también

---

91   En la bahía de Cartagena de Indias.

hablar a uno destos muertos, y es para reír las niñerías y embustes que les dice.

Pues como el Inca determinase de haber respuesta de los oráculos, envió los que solían ir a tales casos, y dicen que supo que le convenía ir al Collao y procurar el favor de Cari; y como esto hubo entendido, mandó parecer ante sí a los mensajeros de Çapana, a los cuales dijo que dijesen a su Señor que él saldría con brevedad del Cuzco para ver la tierra del Collao, a donde se verían y tratarían su amistad. A los que de parte de Cari vinieron, dijo que le dijesen cómo él se quedaba aderezando para ir en su ayuda y favor, que presto sería con él. Y como esto hubiese pasado, mandó el Inca hacer junta de gente para salir del Cuzco, dejando uno de los principales de su linaje por gobernador.

Capítulo LII. De cómo Inca Yupanqui salió del Cuzco hacia el Collao[92] y lo que le sucedió

Como estos indios no tienen letras ni cuentan sus cosas sino por la memoria que dellas queda de edad en edad y de sus cantares y quipos, digo esto, porque en muchas cosas varían, diciendo unos uno y otros otro, y no bastara juicio humano a escribir lo escrito si no tomara destos dichos lo que ellos mismos decían ser más ciertos, para lo contar. Esto apunto para los españoles que están en el Perú que presumen de saber muchos secretos destos, que entiendan que supe yo y entendí lo que ellos piensan que saben y entienden y mucho más y que de todo convino escribirse lo que verán, y que pasé el trabajo en ello que ellos mismos saben.

Y así, dicen los orejones que, estando las cosas de Inca Yupanqui en este estado, determinó de salir del Cuzco con mucha gente de guerra a lo que llaman Collao y sus comarcas: y así dejando su gobernador en la ciudad, salió della y anduvo hasta ser llegado al gran pueblo de Ayavire adonde dicen que, no queriendo venir los naturales dél en conformidad, tuvo cautela como, tomándolos descuidados, mató a todos sus vecinos, hombres y mujeres, haciendo lo mismo de los de Copacopa;[93] y la destrucción de Ayavire fue tanto que todos los más perecieron, que no quedaron sino

---

92 *Collaos*, en n. orig.
93 *Coxacopa*, en n. orig.

algunos que después quedaban asombrados de ver tan grande maldad y como locos furiosos por las sementeras, llamando a los mayores suyos con grandes aullidos y palabras temerosas.[94] Y como ya el Inca hubiese caído en la invención tan galana y provechosa de poner los mitimaes, como viese las lindas vegas y campañas de Ayavire y el río tan hermoso que por junto a él pasa,[95] mandó que viniesen de las comarcas la gente que bastase con sus mujeres a poblarlo; y así fue hecho y se hicieron para él grandes aposentos y templo del Sol y muchos depósitos y casa de fundición; de manera que, poblado de mitimaes, Ayavire quedó más principal que antes; y los indios que han quedado de las guerras y crueldad de los españoles son todos mitimaes advenedizos y no naturales, por lo que se ha escrito.

Sin esto cuentan más, que, habiendo ido por su mando ciertos capitanes con gente bastante a dar guerra a los de Andesuyo, que son los pueblos y comarcas que están en la montaña, toparon unas culebras tan grandes como maderos gruesos, las cuales mataban todos los que podían, tanto que sin ver otros enemigos hicieron ellas la guerra de tal arte que vinieron pocos de los muchos que entraron; y que recibió enojó grande el Inca con saber tal nueva; y estando con su congoja, una hechicera le dijo que ella iría y pararía bobas y mansas las culebras susodichas, que mal a ninguno no hiciesen aunque en ellas mismas se sentasen. Agradeciendo la obra, si conformaba con el dicho, le mandó lo pusiese en ejecución; y lo hizo, al creer dellos y no al mío, porque parece burla; y encantadas las culebras, dieron en los enemigos y sujetaron muchos por guerra y otros por ruego y buenas palabras que con ellos tuvieron.

El Inca salió de Ayaviri, dicen que por el camino que llaman Omasuyo, el cual para su persona real fue hecho ancho y como lo vemos; y camino por los pueblos de Oruro,[96] Asillo, Azángaro, en donde tuvo algunos recuentros con los naturales; mas tales palabras les dijo que, con ella[s] y con dones que les dio, los atrajo a su amistad y servicio y dende en adelante usaron de

---

94 Esta campaña sangrienta y cruel de Inca Yupanqui, la cuenta Cieza en el cap. XCVIII de la Primera parte.
95 El Nanca.
96 *Horaro* en n. orig.

la pulida que usaban los demás que tenían amistad y alianza con los Incas e hicieron sus pueblos concertados en lo llano de la vegas.

Pasando adelante Inca Yupanqui, cuentan que visitó los más pueblos que confinan con la gran laguna de Titicaca, que con su buena maña los trajo todos a su servicio poniéndose en cada pueblo del traje que usaban los naturales, cosa de gran placer para ellos y con que más se holgaban. Entró en la gran laguna de Titicaca y miró las islas que en ellas se hacen, mandando hacer en la mayor de ellas templo del Sol y palacios para él y sus descendientes; y puesta en su Señorío, y todo lo demás de la gran comarca del Collao, se volvió a la ciudad del Cuzco con grande triunfo; a donde mandó, luego que en ella entró, hacer grandes fiestas a su usanza y vinieron de las más provincias a le hacer reverencia con grandes presentes; y los gobernadores y delegados suyos tenían gran cuidado de cumplir en todo su mandado.

Capítulo XLIII. De cómo Cari volvió a Chucuito y de la llegada de Viracocha Inca y de la paz que entre ellos trataron

Luego que Çapana fue muerto Cari se apoderó de su real y robó todo lo que en él había; con la cual presa dio la vuelta a Chucuito; y estaba aguardando a Viracocha Inca y mandó aderezar los aposentos y proveerlos de mantenimientos. El Inca supo en el camino el fin de la guerra y cómo Cari había vencido y, aunque en lo público daba a entender haberse holgado, en lo secreto le pesó por lo sucedido, porque con haber diferencias entre aquellos dos pensaba él fácilmente hacerse señor del Collao; y pensó de se volver con brevedad al Cuzco, porque no le sucediese alguna desgracia.

Y como estuviese ya cerca de Chucuito, salió Cari con los más principales de los suyos a le recibir y fue aposentado y muy servido; y como desease la vuelta al Cuzco con brevedad, habló con Cari adulándole con palabras de lisonjas sobre lo mucho que se había holgado de su buena andanza y que venía a le ayudar con toda voluntad y que para que estuviese cierto que siempre le sería buen amigo le quería dar por mujer a una hija suya. A lo cual respondió Cari que era muy viejo y estaba muy cansado, que le rogaba que casase a su hija con mancebo pues había tantos en que escoger, y que supiese que él le había de tener por señor y amigo y reconocerle en lo que él mandase; y así, le ayudarla en guerras y en otras cosas que se ofreciesen. Y luego, en presencia de los más principales que allí estaban, mandó traer Viracocha Inca un gran vaso de oro y se hizo el pleito homenaje entre ellos desta manera: bebieron un rato del vino que tenían las mujeres y luego el Inca tomó el vaso ya dicho y, poniéndolo encima de una piedra muy lisa, dijo: «La señal sea ésta, que este vaso se esté aquí y que yo no le mude ni tú le toque es, en señal de ser cierto lo asentado. « Y besando, hicieron reverencia al Sol e hicieron un gran taqui y areíto con muchos sones; y los sacerdotes, diciendo ciertas palabras, llevaron el vaso a uno de los vanos templos donde se ponían los semejantes juramentos que se hacían por los reyes y señores. Y habiéndose holgado algunos días Viracocha Inca en Chucuito se volvió al Cuzco, siendo por todas partes muy servido y bien recibido.

Y ya muchas provincias estaban asentadas y usaban de mejores ropas y tenían mejor[es] costumbre[s] y religiones que antes, gobernándose por las leyes y costumbres del Cuzco, a donde había quedado por gobernador de la ciudad Inca Urco, hijo de Viracocha Inca, del cual cuentan que era muy cobarde, remiso, lleno de vicios y con pocas virtudes; mas, como era el mayor, había de suceder en el imperio de su padre; quien dicen que, conociendo estas cosas, quisiera mucho privarlo del señorío y darlo a Inca Yupanqui, su segundo hijo, mancebo de muy gran valor y adornado de buenas costumbres, esforzado y animoso y que tenía los pensamientos muy grandes y altos; mas los orejones y principales de la ciudad no querían que fuesen quebrantadas las leyes y lo que se usaba y guardaba por ordenación y estatuto de los pasados y, aunque conocían cuán mal inclinado era Inca Urco, querían que él y no otro fuese rey después de la muerte de su padre. Y esto lo he dicho tan largo, porque dicen los que desto me avisaron que, desde Urcos Viracocha Inca envió sus mensajeros a la ciudad para que lo tratasen y no pudo concluir nada de lo que quería. Y como entró en el Cuzco, le fue hecho gran recibimiento; y como ya estuviese muy viejo y cansado determinó de dejar la gobernación del reino a su hijo y entregarle la borla y salirse al valle de Yucay y al de Xaquixaguana a recrear y holgar; y así lo comunicó con los de la ciudad, pues no pudo [conseguir] que le sucediese Inca Yupanqui.

Capítulo XLIV. De cómo Inca Urco fue recibido por gobernador general de todo el imperio y tomó la corona en el Cuzco y de cómo los Chancas determinaban de salir a dar guerra a los de Cuzco

Los orejones, y aún todos los demás naturales destas provincias, se reyeron de los hechos deste Inca Urco. Por sus poquedades quieren que no goce de que digan que alcanzó la dignidad del reino y así vemos que en la cuenta que de los quipos y romances tienen de los reyes que reinaron en el Cuzco callan éste, lo cual yo no haré, pues al fin, mal o bien, con vicios o virtudes, gobernó y mandó el reino algunos días. Y así, luego que Viracocha Inca se fue al valle de Xaquixaguana, envió al Cuzco la borla o corona, para que los mayores de la ciudad la entregasen a Inca Urco, habiendo dicho que bastaba lo que había trabajado y hecho por la ciudad del Cuzco, que lo que de la vida le quedaba quería gastar en holgarse, pues era viejo y no para la guerra. Y como se entendió su voluntad, luego Inca Urco sentró a hacer los ayunos y otras religiones conforme a su costumbre, y acabado salió con la corona y fue al templo del Sol a hacer sacrificios; y se hicieron en el Cuzco a su usanza muchas fiestas y grandes borracheras.

Habíase casado Inca Urco con su hermana para haber hijo en ella que le sucediese en el señorío. Era tan vicioso y dado a lujurias y deshonestidades que, sin curar della, se andaba con mujeres bajas y con mancebas, que eran las que quería y le agradaban; y aún afirman que corrompió algunas de las mamaconas que estaban en el templo y era tan de poca honra que no quería que se estimasen. Y andaba por las más partes de la ciudad bebiendo; y desde que tenía en el cuerpo una arroba y más de aquel brebaje, provocándose al vómito lo lanzaba y sin vergüenza descubría las partes vergonzosas y echaba la chicha convertida en orina; y a los orejones que tenían mujeres hermosas, cuando las vía, les decía: «Mis hijos, ¿cómo están?» dando a entender que habiendo con ellas usado los que tenían eran dél y no de sus maridos. Edificio ni casa nunca lo hizo; era enemigo de armas; en fin, ninguna cosa buena cuentan dél sino ser muy liberal.

Y como hubiese tomado la borla, después de ser pasados algunos días determinó de salirse a holgar a las casas de placer que para recreación de los Incas estaban hechas, dejando por su lugar teniente a Inca Yupanqui, que fue padre de Tupac Inca, como adelante contaré.

Estando las cosas del Cuzco de esta manera los Chancas, como atrás conté, habían vencido a los Quichuas y ocupado la mayor parte de la provincia de Andabailes y como estuviesen victoriosos, oyendo lo que se decía de la grandeza del Cuzco y su riqueza y la majestad de los Incas, desearon de no estarse encogidos ni dejar de pasar adelante, ganando con las armas todo lo a ellos posible, y luego hicieron grandes plegarias a sus dioses o demonios y dejando en Andabailes, que es lo que los españoles llaman Andaguaylas, que está encomendada a Diego Maldonado el rico, gente bastante para la defensa della, y con la que estaba junta para la guerra, salió Hastu Huaraca y un hermano suyo muy valiente, llamado Omoguara, y partieron de su provincia con muy gran soberbia, camino del Cuzco, y anduvieron hasta llegar a Curampa, donde asentaron su real e hicieron gran daño a los naturales de la comarca. Mas como en aquellos tiempos muchos de los pueblos estuviesen en los altos y collados de la sierras, con grandes cercas que llaman pucaraes, no se podían hacer muchas muertes ni querían cautivos ni más que robar los campos. Y salieron de Curampa y fueron al aposento de Cochacassa y al río de Amancay destruyendo todo lo que hallaban, y así se acercaron al Cuzco, donde ya había ido la nueva de los enemigos que venían contra la ciudad; mas, aunque fue sabido por el viejo Viracocha no se le dio nada, mas antes, saliendo del valle de Xaquixaguana se fue al valle de Yucay con sus mujeres y servicio. Inca Urco también dicen que se reía, teniendo en poco lo que era obligado a tener en mucho; mas, como el ser del Cuzco estuviese guardado para ser acrecentado por Inca Yupanqui y sus hijos, hubo él de ser el que libró de estos miedos, con su virtud, a todos; y no solamente venció a los Chancas, mas sojuzgó la mayor arte de las naciones que hay en estos reinos, como adelante diré.

Capítulo XLV. De cómo los Chancas allegaron a la ciudad del Cuzco y pusieron su real en ella y del temor que mostraron los que estaban en ella y del gran valor del Inca Yupanqui

Después que los Chancas hubieron hecho sacrificios en Apurima y llegasen cerca de la ciudad de Cuzco, el capitán general que llevaban o señor dellos,

Hastu Guaraca, les decía que mirasen la alta empresa que tenían, que se mostrasen fuertes y no tuviesen pavor ni temor ninguno de aquellos que pensaban espantar la gente con pararse las orejas tan grandes como ellos se ponían; y que si los vencían habrían mucho despojo y mujeres hermosas con quien holgasen; los suyos le respondían alegremente que harían el deber.

Pues como en la ciudad del Cuzco hubiesen sabido ya de los que venían contra ella y Viracocha Inca ni su hijo Inca Urco no se diesen nada por ello, los orejones y más principales estaban muy sentidos por ello y, como ya supiesen los enemigos cuan cerca estaban, fueron hechos grandes sacrificios a su costumbre y acordaron de rogar a Inca Yupanqui que tomase el cargo de la guerra, mirando por la salud de todos. Y tomando la mano uno de los más ancianos, habló con él en nombre de todos y él respondió que, cuando su padre quería a él darle la borla, no consintieron, sino que fuese Inca el cobarde de su hermano y que él nunca con tiranía ni contra la voluntad del pueblo pretendió la dignidad real y que, pues ya habían visto Inca Urco no convenir para ser Inca, que hiciesen lo que eran obligados al bien público, sin mirar la costumbre antigua no fuese quebrantada. Los orejones respondieron que, concluida la guerra, entenderían en hacer lo que a la gobernación del reino conviniese; y dicen que por la comarca enviaron mensajeros que [a] todos los que quisiesen venir a ser vecinos del Cuzco les serían dadas tierras en el valle y sitio para casas y serían privilegiados; y así vinieron de muchas partes. Y pasado esto, el capitán Inca Yupanqui salió a la plaza donde estaba la piedra de la guerra, puesta en su cabeza una piel de león, para dar a entender que había de ser fuerte como lo es aquel animal.

En este tiempo llegaban los Chancas a la sierra de Villacacunga e inca Yupanqui mandó juntar la gente de guerra que había en la ciudad, con determinación de le salir al camino, nombrando capitanes los que más esforzados les pareció; mas tornando a tomar parecer, se acordó de los aguardar en la ciudad.

Los Chancas llegaron a poner su real junto al cerro de Carmenga, que está por encima de la ciudad, y pusieron luego sus tiendas. Los del Cuzco habían hecho por las partes de la entrada de la ciudad grandes hoyos llenos de piedra y por encima tapados sutilmente, para que cayesen los que allí anduviesen. Como en el Cuzco las mujeres y muchachos vieron los enemigos, hubieron mucho espanto y andaba gran ruido. La ciudad está asentada entre cerros en lugar fuerte por natura y las laderas y cabos de sierras estaban, cortados y por muchas partes puestas púas recias de alma, que son tan recias como de hierro y más enconosas y dañosas.

Inca Yupanqui envió mensajeros a Hastu Guaraca para que asentasen entre ellos y no hubiese muerte de gentes. Hastu Guaraca, con soberbia, tuvo en poco la embajada y no quiso más de pasar por lo que la guerra determinase; aunque, importunado de sus parientes y más gente, quiso tener plática con el Inca y así se lo envió a decir. Llegaron a tener habla el Inca y Hastu Guaraca; y estando todos puestos en arma aprovechó poco la vista, porque encendiéndose más con las palabras que el uno al otro se dijeron allegaron a las manos, teniendo grandísima grita y ruido; porque los hombres de acá son muy alharaquientos en sus peleas mas se teme su grita que no su esfuerzo por nosotros; y pelearon unos con otros gran rato y, sobreviniendo la noche, cesó la contienda quedándose los Chancas en sus reales y los de la ciudad por la redonda della, guardándola por todas partes, porque los enemigos no la pudiesen entrar; porque el Cuzco ni otros lugares destas partes no son cercados de muralla.

Pasado el rebato, Hastu Guaraca animaba los suyos esforzándolos para la pelea y lo mismo hacía Inca Yupanqui a los orejones y gentes que estaba en la ciudad. Los Chancas denodadamente salieron de sus reales con voluntad de la entrar y los del Cuzco salieron con pensamiento de se defender; y tornaron a la pelea, a donde murieron muchos de ambas partes; mas tanto fue el valor de Inca Yupanqui que alcanzó la victoria de la batalla con muerte de los Chancas todos, que no escapó, a lo que dicen, sino poco más de quinientos, y entre ellos su capitán Hastu Guaraca, el cual con ellos, aunque con trabajo, llegó a su provincia. El Inca gozó el despojo y hubo muchos cautivos, así hombres como mujeres.

Capítulo XLVI. De cómo Inca Yupanqui fue recibido por rey y quitado el nombre de Inca Urco y de la paz que hizo con Hastu Guaraca

Desbaratados los Chancas entró en el Cuzco Inca Yupanqui con gran triunfo y habló a los principales de los orejones sobre que se acordasen de cómo había trabajado por ellos lo que habían visto y en lo poco que su hermano ni su padre mostraron tener a los enemigos; por tanto, que le diesen a él el señorío y gobernación del imperio. Los del Cuzco, unos con otros trataron y miraron así el dicho de Inca Yupanqui como lo más que Inca Urco le[s] había hecho; y, por consentimiento del pueblo, acordaron de que Inca Urco no entrase más en el Cuzco y que le fuese quitada la borla o corona y dada a Inca Yupanqui; y aunque Inca Urco, como lo supo, quiso venir a Cuzco a justificarse y mostrar sentimiento grande quejándose de su hermano y de los que le quitaban de la gobernación del reino, no le dieron lugar ni se dejó de cumplir lo ordenado. Y aún hay algunos que dicen que la Coya, mujer de Inca Urco, lo dejó sin tener hijo dél ninguno y se vino al Cuzco, donde la recibió por mujer su segundo hermano Inca Yupanqui, que, hecho el ayuno y otras ceremonias, salió con la borla, haciéndose en el Cuzco grandes fiestas, hallándose a ellas gentes de muchas partes. Y a todos los que murieron de la arte suya en la batalla los mandó el nuevo Inca enterrar, mangando hacerles obsequias a su usanza; y a los Chancas, mandó que se hiciese una casa larga a manera de tumba en la parte que se dio la batalla adonde para memoria fuesen desollados todos los cuerpos de los muertos y que hinchiesen los cueros de ceniza o de paja, de tal manera que la forma humana pareciese en ellos, haciéndoles de mil maneras; porque a unos, pareciendo hombres, de su mismo vientre salía un atambor y con sus manos hacía[n] muestra de lo tocar; otros ponían con flautas en las bocas. De esta suerte y de otras estuvieron hasta que los españoles entraron en el Cuzco. Pero Alonso Carrasco y Juan de Pancorvo, conquistadores antiguos, me contaron a mí de la manera que vieron estos cueros de ceniza, y otros muchos de los que entraron con Pizarro y Almagro en el Cuzco.

Y dicen los orejones que había en este tiempo gran vecindad en el Cuzco y que siempre iba en crecimiento; y de muchas partes vinieron mensajeros a congratularse con el nuevo rey, el cual respondió a todos con buenas palabras, y deseaba salir a hacer guerra a lo que llaman Condesuyo; y como por experiencia hubiese conocido cuán valiente y animoso era Hastu Guaraca, el señor de Andaguaylas, pensó de lo atraer a su servicio; y así, cuentan que le envió mensajeros, rogándole con sus hermanos y amigos se viniese a holgar con él; y entendiendo que le sería provechoso allegarse a la amistad de Inca Yupanqui, y al Cuzco, donde fue bien recibido. Y como se hubiese hecho llamamiento de gente, se determinó de ir a Condesuyo.

En este tiempo cuentan que murió Viracocha Inca, y se le dio sepultura con menos pompa y honor que a los pasados suyos, porque en la vejez había desamparado la ciudad y no querido volver a ella cuando tuvieron la guerra con los Chancas. De Inca Urco no digo más, porque los indios no tratan de sus cosas sino es para reír, y dejando a él aparte, digo que Inca Yupanqui es el noveno rey que hubo en el Cuzco.

Capítulo XLVII. De cómo Inca Yupanqui salió del Cuzco, dejando por gobernador a Lloque Yupanqui, y de lo que sucedió

Como ya por mandado de Inca Yupanqui se hubiese juntado cantidad de más de cuarenta mil hombres, junto a la piedra de la guerra se hizo alarde y nombró capitanes, haciendo fiestas y borracheras; y estando aderezado salió del Cuzco en andas ricas de oro y pedrería, yendo a la redonda dél su guarda con alabardas y hachas y otras armas; junto a él iban los señores; y mostraba más valor y autoridad este rey que todos los pasados suyos. Dejó en el Cuzco, a lo que dicen, por gobernador a Lloque Yupanqui, su hermano. La Coya y otras mujeres iban en hamacas y afirman que llevaban gran cantidad de cargas de joyas y de repuesto. Delante iban limpiando el camino, que ni hierba ni piedra pequeña ni grande no había de haber en él.

Llegado al río de Apurima pasó por la puente que se había echado y anduvo hasta los aposentos de Curahuasi. De la comarca salían muchos hombres y mujeres y algunos señores y principales, y cuando lo veían quedaban espantados, y llamábanlo «Gran señor, Hijo del Sol, Monarca de todos» y otros nombres grandes. En este aposento dicen que dio a un capitán de los Chancas, llamado Tupac Uasco, por mujer una palla del Cuzco y que la tuvo en mucho.

Pasando adelante el Inca por el río de Apurima y Cochacassa, como los naturales de aquella parte estuviesen en los pucaraes fuertes y no tuviesen pueblos juntos, les mandó que viviesen ordenadamente sin tener costumbre mala ni darse la muerte los unos a los otros. Muchos se alegraron con esto lo[s] dichos y les fue bien de obedecer su mandamiento. Los de Curampa reían dello, y entendido [de] Inca Yupanqui, y no bastando amonestaciones, los venció en batalla, matando a muchos y cautivando a otros. Y porque la tierra era buena, mandó a un mayordomo suyo quedase a reformarla y a que se hiciesen aposentos y templo del Sol.

Ordenado esto con gran prudencia, el rey salió de allí y anduvo hasta la provincia de Andaguaylas, a donde le fue hecho solemne recibimiento y estuvo allí algunos días determinando si iría a conquistar a los naturales de Guamanga o Jauja o los Soras y Rucanas, mas, después de haber pensado, con acuerdo de los suyos determinó de ir a los Soras. Y saliendo de allí anduvo por un despoblado que iba a salir a los Soras, los cuales supieron su venida y se juntaron para su defender.

Había enviado Inca Yupanqui capitanes con gentes para otras partes muchas a que allegasen las gentes a su servicio con la más blandura que pudiesen y a los Soras envió mensajeros sobre que no tomasen armas contra él, prometiendo de los tener en mucho sin les hacer agravio ni daño; mas no quisieron paz con servidumbre, sino guerrear por no perder la libertad. Y así, juntos unos con otros, tuvieron la batalla, la cual, dicen los que della tuvieron memoria, que fue muy reñida y que murieron muchos de ambas partes, mas quedando el campo por los del Cuzco. Los que escaparon de ser muertos y presos fueron dando aullidos y gemidos a su pueblo, a donde pusieron algún cobro en sus haciendas y, sacando sus mujeres, lo desampararon y se fueron, según es público, a un peñol fuerte que está cerca del río de Vilcas, donde había en lo alto muchas cuevas y agua por naturaleza; y en este peñol se recogieron muchos hombres con sus mujeres; e hízose por miedo del Inca, proveyéndose del más bastimento que pudieron. Y no solo los Soras se recogieron a este peñol, que de la comarca de Guamanga y del río de Vilcas y de otras partes se juntaron con ellos, espantados de oír que el Inca quería ser solo señor de las gentes.

Vencida la batalla, los vencedores gozaron del despojo y el Inca mandó que no hiciesen daño a los cautivos; antes los mandó soltar a todos ellos y mandó ir un capitán con gente a lo de Condesuyo por la parte de Puma-tampu; y como entrase en los Soras y supiese haberse ido la gente al peñol ya dicho, recibió mucho enojo y determinó de los ir a cercar; y así, mandó a sus capitanes que con la gente de guerra caminasen contra ellos.

Capítulo XLVIII. De cómo el Inca resolvió sobre Vilcas y puso cerco en el peñol donde estaban hechos fuertes los enemigos

Muy grandes cosas cuentan los orejones deste Inca Yupanqui y de Tupac Inca, su hijo, y Guayna Cápac, su nieto; porque estos fueron de los que se mostraron más valerosos. Los que fueren leyendo sus acaecimientos, crean que yo quito antes de lo que supe, que no añadir nada, y que, para afirmarlo por cierto, fuera menester lo que es causa que yo no afirme más de lo que escribo por relación destos indios; y para mí creo esto y mas por los rastros y señales que dejaron de sus pisadas estos reyes y por el su mucho poder, que da muestra de no ser nada esto que yo escribo para lo que pasó; la cual memoria durará en el Perú mientras hubiese hombres de los naturales.

Y volviendo al propósito, como el Inca tanto desease haber a las manos los que estaban en el peñol, andaba con su gente hasta llegar al río de Vilcas. Los de la comarca, como supieron su estada allí, muchos vinieron a le ver haciéndole grandes servicios y firmaron con él amistad y por su mandato comenzaron a hacer aposentos y edificios grandes en lo que agora llamamos Vilcas, quedando maestros del Cuzco para dar la traza y mostrar con la manera que habían de poner las piedras y losas en el edificio. Llegando, pues, al peñol, procuró con toda buena razón de atraer a su amistad a los que en él estaban hechos fuertes, enviándoles sus mensajeros; mas ellos se reían de sus dichos y lanzaban muchos tiros de piedra. El Inca, viendo su propósito, determinó de no partir sin dejar hecho castigo en ellos. Y supo cómo los capitanes que envío a la provincia de Condesuyo habían dado algunas batallas a los de aquellas tierras y los habían vencido y metido en su señorío los más de la provincia; y porque los del Collao no pensasen que habían de estar seguros, conociendo ser valiente Hastu Guaraca, el señor de Andaguaylas, le mandó que con su hermano Tupac Uasco se partiese para el Collao a procurar de meter en su señorío a los naturales. Respondieron que lo harían como lo mandaba y luego partieron para su tierra, para desde ella ir al Cuzco a juntar el ejército que habían de llevar.

Los del peñol todavía estaban en su propósito de se defender y el Inca los había cercado y pasaron entre unos y otras grandes cosas, porque fue largo el cerco; y al fin, faltando los mantenimientos, se hubieron de dar los que estaban en el peñol, obligándose de servir, como los demás, al Cuzco y tributar y dar gentes de guerra. Y con esta servidumbre quedaron en gracia del Inca, de quien dicen no hacerles enojo, antes mandarles proveer de mantenimientos y otras cosas y enviallos a sus tierras; otros dicen que los mató a todos sin que ninguno escapase. Lo primero creo, aunque de lo uno y de lo otro no sé más de decirlo estos indios.

Acabado esto, cuentan que de muchas partes vinieron a ofrecerse al servicio del Inca y que recibía graciosamente a todos los que venían; y que salió de allí para volver al Cuzco y halló en el camino hechos muchos aposentos y que en las más partes se habían abajado de las laderas los naturales y tenían en lo llano pueblos concertados como lo mandaba y había ordenado.

Llegado al Cuzco fue recibido a su usanza con gran pompa y se hicieron grandes fiestas. Los capitanes que por su mandado habían ido a hacer guerra a los del Collao habían andado hasta Chucuito tuvieron algunas batallas en partes de la provincia y, saliendo vencedores, sujetábanlo todo al señorío del Inca; y en Condesuyo fue lo mismo. Y ya era muy poderoso y de todas partes acudían señores y capitanes a le servir con los hombres ricos de los pueblos y tributaban con grande orden y hacían otros servicios personales, pero todo con gran concierto y justicia. Cuando le iban a hablar iban cargados livianamente; mirábanle poco al rostro; cuando él hablaba temblaban los que le oían, de temor o de otra cosa; salía pocas veces en público y en la guerra siempre era el delantero; no consentía que ninguno, sin su mandamiento, tuviese joyas ni asentamiento ni anduviese en andas; en fin, este fue el que abrió camino para el gobierno tan excelente que los Incas tuvieron.

Capítulo XLIX. De cómo Inca Yupanqui mandó a Lloque Yupanqui que fuese al valle de Jauja a procurar de atraer a su señorío a los Guancas y a los Yauyos, sus vecinos, con otras naciones que caen en aquella parte

Pasando lo que se ha escrito cuentan los orejones que como se hallase tan poderoso el rey Inca mandó hacer llamamiento de gente, porque quería comenzar otra guerra más importante que las pasadas; y cumpliendo su mandato acudieron muchos principales con gran número de gente armada con las armas que ellos usan, que son hondas, hachas, macanas, ayllos, dardos y lanzas pocas. Como se juntaron, mandó hacerles nuevo traje o vestido, tal cual tenía la nación que aquel día quería honrar; y pasado, se ponía de otro, conforme a lo que tenían los que eran llamados al convite y borrachera. Con esto holgábanse tanto cuanto aquí se puede encarecer. Cuando hacían estos grandes bailes, cercaba la plaza del Cuzco una maroma de oro que se había mandado hacer de lo mucho que tributaban las comarcas, tan grande como en lo de atrás tengo dicho, y otra grandeza mayor de bultos y antiguallas.

Y como se hubiesen holgado los días que les pareció a Inca Yupanqui, les habló cómo quería que fuesen a los Guancas y a los Yauyos, sus vecinos, y procurar de los traer en su amistad y servicio sin guerra, y cuando no, que, dándosela, se diesen maña de los vencer y forzar que lo hiciesen. Respondieron todos que harían lo que mandaba con gran voluntad. Fueron señalados capitanes de cada nación y sobre todos fue por general Lloque Yupanqui y con él, para consejo, Tupac Yupanqui; y, avisándoles de lo que habían de hacer, salieron del Cuzco y caminaron hasta la provincia de Andaguaylas, a donde fueron bien recibidos por los Chancas y salió con ellos un capitán Ancoallo con copia de gente de aquella tierra para servir en la guerra al Inca.

De Andaguaylas fueron a Vilcas, a donde estaban los aposentos y templos del Sol que Inca Yupanqui había mandado hacer, y hablaron con todo amor a los que entendían en aquellas obras. De Vilcas fueron por los pueblos [del] Guamanga, Azángaro, Parcos, Picoy, Acos y otros, los cuales ya habían dado la obediencia del Inca y provenían de bastimentos y de lo que más tenían en sus pueblos y hacían el camino real que les era manda o, grande y muy ancho.

Los del valle de Jauja, sabida la venida de los enemigos, mostraron temor y procuraron favor de sus parientes y enemigos y en el templo suyo de Guarivilca hicieron grandes sacrificios al demonio que allí respondía. Venídoles los socorros, como ellos fuesen muchos, porque dicen que había más de cuarenta mil hombres a donde agora no sé si hay doce mil, los capitanes del Inca llegaron hasta ponerse encima del valle y deseaban sin guerra ganar las gracias de los Guancas y que quisiesen ir al Cuzco a reconocer al rey por Señor; y así, es público que les enviaron mensajeros. Mas, no aprovechando nada, vinieron a las manos y se dio una gran batalla en que dicen que murieron muchos de una parte y otra, mas que los del Cuzco quedaron por vencedores; y que siendo de gran prudencia Lloque Yupanqui no consintió hacer daño en el valle, evitando el robo, mandando soltar los cautivos; tanto, que los Guancas, conocido el beneficio y con la clemencia que usaban teniéndolos vencidos, vinieron a hablar y prometieron de vivir dende en adelante por la ordenanza de los reyes del Cuzco y tributar con lo que hubiese en su valle; y pasando sus pueblos por las laderas, los sembraron, sin lo repartir, hasta que el rey Guayna Cápac señaló a cada parcialidad lo que había de tener; y se enviaron mensajeros.

Capítulo L. De cómo salieron de Jauja los capitanes del Inca y lo que les sucedió y cómo se salió de entre ellos Ancoallo

Los naturales de Bonbón habían sabido, según estos cuentan, el desbarate de Jauja y cómo habían sido los Guancas vencidos, y sospechando que los vencedores querían pasar adelante acordaron de se apercibir, porque no los tomasen descuidados; y, poniendo sus mujeres e hijos con la hacienda que pudieron en una laguna que está cerca dellos aguardaron a lo que sucediese. Los capitanes del Inca, como hubieron asentado las cosas del valle de Jauja, salieron y anduvieron hasta Bonbón y, como se metieron en la laguna, no les pudieron hacer otro mal que comerles los mantenimientos; y como esto vieron pasaron adelante y allegaron a lo de Tarama, a donde hallaron a los naturales puestos en arma y hubieron batalla [en] que fueron presos y muertos muchos de los Taramentinos y los del Cuzco quedaron por vencedores; y como les dijesen la voluntad del rey era que le sirviesen y tributasen como hacían otras muchas provincias y que serían bien tratados y favorecidos, hicieron todo lo que les fue mandado y envióse al Cuzco relación de todo lo que se había hecho en este pueblo de Tarama.

Cuentan los indios Chancas que, como los indios que salieron de su provincia de Andaguaylas con el capitán Ancoallo hubiesen hecho grandes hechos en estas guerras, envidiosos dellos y con rencor que tenían contra el capitán Ancoallo de más atrás, cuando el Cuzco fue cercado, determinaron de los matar; y así, los mandaron llamar; y como fuesen muchos juntos con su capitán, entendieron la intención que tenían y puestos en arma se defendieron [de los] del Cuzco, y aunque murieron algunos pudieron los otros, con el favor y esfuerzo de Ancoallo, de salir de allí; el cual se quejaba a sus dioses de la maldad de los orejones e ingratitud, afirmando que, por no los ver más ni seguir, se iría con los suyos en voluntario destierro; echando delante las mujeres caminó y atravesó las provincias le los Chachapoyas y Guánuco y, pasando por la montaña de los Andes, caminó por aquellas sierras hasta que llegaron, según también dicen, a una laguna muy grande, que yo creo debe ser lo que cuentan del Dorado, a donde hicieron sus pueblos y se ha multiplicado mucha gente. Y cuentan los indios grandes cosas de aquella tierra y del capitán Ancoallo.

Los capitanes del Inca, pasado lo que se ha escrito, dieron la vuelta al valle de Jauja, donde ya se habían allegado grandes y presentes y muchas mujeres para llevar al Cuzco y lo mismo hicieron los de Tarama. La nueva de todo fue al Cuzco y como fue sabido por el Inca holgóse por el buen suceso de sus capitanes, aunque hizo muestras (del) haberle pesado lo que habían hecho con Ancoallo. Mas era, según se cree, industria, porque algunos afirman que por su mandado lo hicieron sus capitanes. Y como Tupac Uasco y los otros Chancas hubiesen ido a dar guerra a la provincia del Collao y hubiesen habido victoria de algunos pueblos, recelándose el Inca que, sabida la nueva de lo que había pasado con Ancoallo, se volverían contra él y le harían traición, les envió mensajeros para que luego viniesen para él y mandó, so pena de muerte, que ninguno les avisase de lo pasado.

Los Chancas, como vieron el mandado del Inca, vinieron luego al Cuzco y, como llegaron el Inca les habló con gran disimulación amorosamente, encubriendo la maldad que se usó con el capitán Ancoallo y daba por sus palabras muestras de habelle dello pesado. Los Chancas, como lo entendieron, no dejaron de sentir el afrenta, mas, viendo cuán poca parte eran para satisfacerse, pasaron por ello pidiendo licencia a Inca Yupanqui para volver a su provincia; y siéndoles concedido se partieron, dándole privilegio al señor principal para que se pudiese sentar en el duho engastonado en oro y otras preeminencias.

Y entendió el Inca en acrecentar el templo de Curicancha con grandes riquezas, como ya está escrito. Y como el Cuzco tuviese por todas partes muchas provincias, dio algunas a este templo y mandó poner las postas y que hablasen una lengua todos los súbditos suyos y que fuesen hechos los caminos reales y los mitimaes: y otras cosas inventó este rey, de quien dicen que entendía mucho de las estrellas y que tenía cuenta con el movimiento del Sol; y así tomó él por sobrenombre Inca Yupanqui, que es nombre de cuenta y de mucho entender. Y como se hallase tan poderoso, no embargante que en el Cuzco había grandes edificios y casas reales, mandó hacer tres cercados de muralla excelentísima y digna la obra de memoria, y tal parece hoy día que ninguno la verá que no alabe el edificio y conozca ser grande el ingenio de los maestros que la inventaron. Cada cercado destos tiene más de trescientos pasos: al uno llaman Pucamarca y al otro Hatun Cancha y al tercero Cassana, y es de piedra excelente y puesta tan por nivel que no hay en cosa desproporción y tan bien asentadas las piedras y tan pegadas que no se divisará la juntura dellas. Y están tan fuertes y tan enteros los más destos edificios que, si no los deshacen como han deshecho otros muchos vivirán muchas edades.

Dentro destas cercas o murallas había aposentos como los demás quellos usaban, donde estaban cantidad de mamaconas y otras muchas mujeres y mancebas de los reyes e hilaban y tejían de la su tan fina ropa y había muchas piezas de oro y de plata y vasijas destos metales. Muchas destas piedras vi yo en algunas destas cercas y me espanté cómo, siendo tan grandes, estaban tan primamente puestas. —Cuando hacían los bailes y fiestas grandes en el Cuzco, era hecha mucha de su chicha por las mujeres dichas y bebíanla. —Y como de tantas partes acudiesen al Cuzco, mandó poner veedores para que no saliese sin su licencia ningún oro ni plata de lo que entrase y pusiéronse gobernadores por las mismas partes del reino y a todos gobernaba con gran justicia y orden. Y porque en ese tiempo mandó hacer la fortaleza del Cuzco diré algo della, pues es tan justo.

Capítulo LI. De cómo fundó la casa real del Sol en un collado que por encima del Cuzco está, a la parte del Norte, que los españoles comúnmente llaman la Fortaleza, y de su admirable edificio y grandeza de piedras que en él se ven

La ciudad del Cuzco está edificada en valle, ladera y collados, como se escribe en la primera parte desta historia, y de los mismos edificios salen unas formas de paredes anchas, en donde hacen sus sementeras, y por compás salían unas de otras, que parecían cercas de manera que todo estaba [rodeado] destos andenes que hacía más fuerte la ciudad, aunque por natura lo es su sitio; y así, lo escogieron los Señores della entre tanta tierra. Y como ya se fuese haciendo poderoso el mando de los reyes e Inca Yupanqui tuviese los pensamientos tan grandes, no embargante que tanto por él había sido ilustrado y enriquecido el templo del Sol llamado Curicancha y hubiese hecho otros grandes edificios, determinó que se hiciese otra casa del Sol que sobrepujase el edificio a lo hecho hasta allí y que en ella se pusiesen todas las cosas que pudiesen haber, así oro como plata, piedras rica, ropa fina, armas de todas las que ellos usaban, munición de guerra, alpargates, rodelas, plumas, cueros de animales y los de aves, coca, sacas de lana, joyas de mil géneros; en conclusión, había todo aquello de que ellos podían tener noticia. Y esta obra se comenzó tan soberbia que, si hasta hoy durara su monarquía, no estuviera acabada.

Mandóse que viniesen de las provincias que señalaron veinte mil hombres y que los pueblos le enviasen bastimento necesario y si alguno adoleciese, entrando en su lugar otro, se volviese a su naturaleza, aunque estos indios no residían siempre en la obra sino tiempo limitado y viniendo otros salían ellos, por donde sentían poco el trabajo. Los cuatro mil destos quebrantaban las piedras y sacaban las piedras; los seis mil las andaban trayendo con grandes maromas de cueros y de cabuya, los otros estaban abriendo la zanja y abriendo los cimientos, yendo algunos a cortar horcones y vigas para el enmaderamiento. Y para estar a su placer, estas gentes hicieron su alojamiento cada parcialidad por sí, junto a donde se había de hacer el edificio. Hoy día parecen las más de las paredes de las casas que tuvieron. Andaban veedores mirando como se hacían y maestros grandes y de mucho primor; y así, en un cerro que está a la parte del Norte de la ciudad, en lo más alto della, poco más que un tiro de arcabuz, se fabricó esta fuerza que los naturales llamaron Casa del Sol y los nuestros nombran la Fortaleza.

Cavóse en peña viva para el fundamento y armar el cimiento, el cual se hizo tan fuerte que durará mientras hubiere mundo. Tenía, a mi parecer, de largo trescientos y treinta pasos y de ancho doscientos. Tenía muchas cercas tan fuertes que no ay artillería que baste a romperlas. La puerta principal era de ver cuán primamente estaba y cuán concertadas las murallas para una no salir del compás de la otra; y en estas cercas se ven piedras tan grandes y soberbias que cansa el juicio considerar cómo se pudieron traer y poner y quién bastó a labrallas, pues entre ellos se ven tan pocas herramientas. Algunas destas piedras son anchas como doce pies y más largas que veinte y otras más gruesas que un buey y todas asentadas tan delicadamente que entre una y otra no podrán meter un real. Yo fui a ver este edificio dos veces: la una fue conmigo Tomas Vázquez, conquistador, y la otra Hernando de Guzmán, que se halló en el cerco, y Juan de la Playa; y creed los que esto leyerdes que no os cuento nada para lo que vi. Y andándolo notando, vi junto a esta fortaleza una piedra que la medí y tenía doscientos y setenta palmos de los míos de redondo y tan alta que parecía que había nacido allí; y todos los indios dicen que se cansó esta piedra en aquel lugar y que no la pudieron mover más de allí; y cierto, si en ella misma no se viese haber sido labrada, yo no creyera, aunque más me lo afirmaran, que fuerza de hombres bastara a la poner allí, adonde estará para testimonio de lo que fueron los inventores de obra tan grande, pues los españoles lo han ya desbaratado y parado tal cual yo no quisiera ver [por] la culpa grande de los que han gobernado en lo haber permitido y que una cosa tan insigne se hubiese desbaratado y derribado, sin mirar los tiempos y sucesos que pueden venir y que fuera mejor tenerla en pie y con guarda.

Había muchos aposentos en esta fuerza, uno[s] encima de otros, pequeños, y otros entre suelos, grandes; y hacíanse dos cubos, el uno mayor que otro, anchos y tan bien sacados que no sé cómo lo encarecer, según están primos y las piedras tan bien puestas y labradas; y debajo de tierra dicen que hay mayores edificios. Y cuentan otras cosas, que no escribo por no las tener por cierto. Comenzóse a hacer esta fuerza en tiempo de

Inca Yupanqui; labró mucho su hijo Tupac Inca y Guayna Cápac y Guascar y, aunque ahora es cosa de ver, lo era mucho más sin comparación. Cuando los españoles entraron en el Cuzco sacaron los indios de Quizquiz gran tesoro della y los españoles aún hallaron algunos y se cree que hay a la redonda della mayor número de lo uno y lo otro. Lo que desta fortaleza y la de Guarco ha quedado sería justo mandar conservar para memoria de la grandeza desta tierra y aún para tener en ella tales dos fuerzas, pues a tan poca costa se las hallan hechas. Y, con tanto, volveré a la materia.

Capítulo LII. De cómo Inca Yupanqui salió del Cuzco hacia el Collao y lo que le sucedió

Como estos indios no tienen letras ni cuentan sus cosas sino por la memoria que dellas queda de edad en edad y de sus cantares y quipos, digo esto, porque en muchas cosas varían, diciendo unos uno y otros otro, y no bastara juicio humano a escribir lo escrito si no tomara destos dichos lo que ellos mismos decían ser más ciertos, para lo contar. Esto apunto para los españoles que están en el Perú que presumen de saber muchos secretos destos, que entiendan que supe yo y entendí lo que ellos piensan que saben y entienden y mucho más y que de todo convino escribirse lo que verán, y que pasé el trabajo en ello que ellos mismos saben.

Y así, dicen los orejones que, estando las cosas de Inca Yupanqui en este estado, determinó de salir del Cuzco con mucha gente de guerra a lo que llaman Collao y sus comarcas: y así dejando su gobernador en la ciudad, salió della y anduvo hasta ser llegado al gran pueblo de Ayavire adonde dicen que, no queriendo venir los naturales dél en conformidad, tuvo cautela como, tomándolos descuidados, mató a todos sus vecinos, hombres y mujeres, haciendo lo mismo de los de Copacopa; y la destrucción de Ayavire fue tanto que todos los más perecieron, que no quedaron sino algunos que después quedaban asombrados de ver tan grande maldad y como locos furiosos por las sementeras, llamando a los mayores suyos con grandes aullidos y palabras temerosas. Y como ya el Inca hubiese caído en la invención tan galana y provechosa de poner los mitimaes, como viese las lindas vegas y campañas de Ayavire y el río tan hermoso que por junto a él pasa, mandó que viniesen de las comarcas la gente que bastase con sus mujeres a poblarlo; y así fue hecho y se hicieron para él grandes aposentos y templo del Sol y muchos depósitos y casa de fundición; de manera que, poblado de mitimaes, Ayavire quedó más principal que antes; y los indios que han quedado de las guerras y crueldad de los españoles son todos mitimaes advenedizos y no naturales, por lo que se ha escrito.

Sin esto cuentan más, que, habiendo ido por su mando ciertos capitanes con gente bastante a dar guerra a los de Andesuyo, que son los pueblos y comarcas que están en la montaña, toparon unas culebras tan grandes como maderos gruesos, las cuales mataban todos los que podían, tanto que sin ver otros enemigos hicieron ellas la guerra de tal arte que vinieron pocos de los muchos que entraron; y que recibió enojó grande el Inca con saber tal nueva; y estando con su congoja, una hechicera le dijo que ella iría y pararía bobas y mansas las culebras susodichas, que mal a ninguno no hiciesen aunque en ellas mismas se sentasen. Agradeciendo la obra, si conformaba con el dicho, le mandó lo pusiese en ejecución; y lo hizo, al creer dellos y no al mío, porque parece burla; y encantadas las culebras, dieron en los enemigos y sujetaron muchos por guerra y otros por ruego y buenas palabras que con ellos tuvieron.

El Inca salió de Ayaviri, dicen que por el camino que llaman Omasuyo, el cual para su persona real fue hecho ancho y como lo vemos; y camino por los pueblos de Oruro, Asillo, Azángaro, en donde tuvo algunos recuentros con los naturales; mas tales palabras les dijo que, con ella[s] y con dones que les dio, los atrajo a su amistad y servicio y dende en adelante usaron de la pulida que usaban los demás que tenían amistad y alianza con los Incas e hicieron sus pueblos concertados en lo llano de la vegas.

Pasando adelante Inca Yupanqui, cuentan que visitó los más pueblos que confinan con la gran laguna de Titicaca, que con su buena maña los trajo todos a su servicio poniéndose en cada pueblo del traje que usaban los naturales, cosa de gran placer para ellos y con que más se holgaban. Entró en la gran laguna de Titicaca y miró las islas que en ellas se hacen, mandando hacer en la mayor de ellas templo del Sol y palacios para él y sus descendientes; y puesta en su Señorío, y todo lo demás de la gran comarca del Collao, se volvió a la ciudad del Cuzco con grande triunfo; a donde mandó, luego que en ella entró, hacer grandes fiestas a su usanza y vinieron de las más provincias a le hacer reverencia con grandes presentes; y los gobernadores y delegados suyos tenían gran cuidado de cumplir en todo su mandado.

Capítulo LIII. De cómo Inca Yupanqui salió del Cuzco y lo que hizo
Volaba la fama de Inca Yupanqui en tanta manera por la tierra que en todas partes se trataba de sus grandes hechos. Muchos, sin ver bandera ni capitán suyo, le vinieron a conocer ofreciéndosele por vasallos, afirmando con sus dichos que del cielo habían caído sus pasados, pues sabían vivir con tanto concierto y honra. Inca Yupanqui, sin perder su gravedad, les respondió mansamente que no quería hacer agravio a nación ninguna, sino viniesen a le dar la obediencia, pues el Sol lo quería y mandaba. Y como hubiese tornado a hacer llamamiento de gente salió con toda ella a lo que llaman Condesuyo y sujetó a los Yanaguaras y a los Chumbivilcas y con algunas provincias desta comarca de Condesuyo tuvo recias batallas; mas, aunque le dieron mucha guerra, su esfuerzo y saber fue tanto que con daño y muerte de muchos le dieron la obediencia, tomándolo por Señor como lo hacían los demás; y dejando puesta en orden la tierra, y hechos cacique es a los naturales y mandándoles que no hiciesen agravio ni daño a estos súbditos, se volvió al Cuzco, poniendo primero gobernadores en las partes principales, para que impusiesen a los naturales la orden que habían de tener, así para su vivienda como para le servir y para hacer sus pueblos juntos y tener en todo gran concierto sin que ninguno fuese agraviado, aunque fuese de los más pobres.

Pasado esto, cuentan más, que reposó pocos días en el Cuzco porque quiso ir en persona a los Andes, a donde había enviado sus adalides y escuchas para que mirasen la tierra y le avisasen del arte que estaban los moradores della; y como por su mandado estuviese todo el reino lleno de depósitos con mantenimientos, mandó que proveyesen el camino quél había de llevar y fue hecho así; y con los capitanes y gente de guerra salió del Cuzco, a donde dejó su gobernador para la administración de la justicia, y atravesando las montañas y sierras nevadas supo de sus corredores lo de adelante y de la grande espesura de las montañas; y aunque hallaban de las culebras tan grandes que se crían en estas espesuras, no hacían daño ninguno y espantábanse de ver cuan fieras y monstruosas eran.

Como los naturales de aquellas comarcas supieron la entrada en su tierra del Inca, como ya muchos dellos por mano de sus capitanes habían sido puestos en su servicio, le vinieron a hacer la mocha trayéndole presentes de muchas plumas de aves y coco y de lo más que tenían en su tierra y a todos lo agradecía mucho. Los demás indios que habitaban en aquellas montañas, los que quisieron serle vasallos enviáronle mensajeros, los que no, desampararon sus pueblos y metiéronse con sus mujeres en la espesura de la montaña.

Inca Yupanqui tuvo gran noticia que pasadas algunas jornadas, a la parte de Levante había gran tierra y muy poblada. Con esta nueva, codicioso de descubrirlo, pasó adelante; mas, siendo avisado cómo en el Cuzco había sucedido cierto alboroto y habiendo allegado a un pueblo que llaman Marcapata, revolvió con prisa grande al Cuzco, donde estuvo algunos días.

Pasados éstos, dicen los indios que, como la provincia de Collao sea tan grande y en ella hubiese en aquellos tiempos número grande de gentes y señoríos de los naturales muy poderosos, como supieron que Inca Yupanqui había entrado en la montaña de los Andes, creyendo que por allí sería muerto o que vendría desbaratado, concertáronse todos a una, desde Vilcanota para adelante, a una parte y a otra, con muy gran secreto, de se rebelar y no estar debajo del señorío de los Incas, diciendo que era poquedad grande de todos ellos, habiendo sido libres sus padres y no dejándolos en cautiverio, sujetarse tantas tierras y tan grandes a un Señor solo. Y como todos aborreciesen el mando que sobre ellos el Inca tenía, sin les haber él hecho molestia ni mal tratamiento, ni hecho tiranías ni demasías, como sus gobernadores y delegados no lo pudieron entender, juntos en Atuncollao y en Chucuito, donde se hallaron Cari y Çapana y Humalla y el Señor de Azángaro y otros muchos, hicieron su juramento, conforme a su ceguedad, de llevar adelante su intención y determinación; y para más firmeza bebieron con un vaso[97] todos ellos juntos y mandaron que se pusiese en un templo entre las cosas sagradas, para que fuese testigo de lo que se ha dicho; y luego mataron a los gobernadores y delegados que estaban

---

97 *Vinieron con un viejo,* en n. orig.

en la provincia y a muchos orejones que estaban entre ellos; y por todo el reino se divulgó la rebelión del Collao y de la muerte que habían dado a los orejones; y con esta nueva intentaron novedades en algunas partes del reino y en muchos lugares se levantaron; lo cual estorbó la orden que se tenía de los mitimaes y estar avisados los gobernadores y, sobre todo, el gran valor de Tupac Inca Yupanqui, que reinó desde este tiempo, como diré.

Capítulo LIV. De cómo hallándose muy viejo Inca Yupanqui, dejó la gobernación del reino a Tupac Inca, su hijo

No mostró en público sentimiento Inca Yupanqui en saber la nueva del alzamiento del Collao, antes, con ánimo grande, mandó hacer llamamiento de gentes para en persona ir a los castigar, enviando sus mensajeros a los Canas y Canches, para que estuviesen firmes en su amistad, sin los ensoberbecer la mudanza del Collao; y queriendo ponerse a punto para salir del Cuzco, como ya fuese muy viejo y estuviese cansado de las guerras que había hecho y caminos que había andado, sintióse tan pesado y quebrantado que, sintiéndose poco bastante para ello ni tampoco para entender en la gobernación de tan gran reino, mandó llamar al Gran Sacerdote y a los orejones y más principales de la ciudad y les dijo que ya él estaba tan viejo que era más para estarse junto a la lumbre que no para seguir los reales; y, pues así lo conocían y entendían decía en todo verdad, que tomasen por Inca a Tupac Inca Yupanqui, su hijo, mancebo tan esforzado como ellos habían visto en las guerras que había hecho y que le entregaría la borla, para que por todos fuese obedecido por Señor y estimado por tal; y quél se daría maña cómo los del Collao fuesen castigados por su alzamiento y muertes que habían hecho a los orejones y delegados que entre ellos quedaron. Respondieron a estas palabras, los que por él fueron llamados, que fuese hecho como lo ordenase, y en todo mandase lo quél fuese servido, porque en todo le obedecerían como siempre habían hecho... [y habiéndole recibido los orejones por Inca, que será en el número XI, fue con el Ejército en] el Collao y en las provincias de los Canches y Canas le hicieron grandes recibimientos con presentes ricos y le habían hecho, en lo que llaman Cacha unos palacios al modo de como ellos labran, bien vistosos.

Los Collas, como supieron que Tupac Inca venía contra ellos tan poderoso, buscaron favores de sus vecinos y juntáronse los más dellos con determinación de le aguardar en el campo a le dar batalla. Cuentan que tuvo de todo esto aviso Tupac Inca y como él era tan clemente, aunque conocía la ventaja que tenía a los enemigos, les envió de los Canas, vecinos suyos, mensajeros que les avisasen como su deseo no era de con ellos tener enemistad ni castigallos conforme a lo mal que lo hicieron, cuando sin culpa ninguna mataron a los gobernadores y delegados de su padre, si quisiesen dejar las armas y dar la obediencia, pues para ser bien gobernados y regidos[98] convenía reconocer Señor y que fuese uno y no muchos.

Con esta embajada envió un orejón con algunos presentes para los principales de los Collas, mas no prestó nada ni quisieron su confederación, antes, la junta que estaba hecha, teniendo por capitanes los señores de los pueblos, se vinieron acercando a donde estaba Tupac Inca; y cuentan todos que en el pueblo llamado Pucara se pusieron en un fuerte que allí hicieron y, como llegó el Inca, tuvieron su guerra con la grita que suelen y al fin se dio batalla entre unos y otros, en la cual murieron muchos de entrambas partes y los Collas fueron vencidos y presos muchos, así hombres como mujeres; y fuéranlo más si el Inca diera lugar a que el alcance se siguiera, más esforzado,[99] y a Cari, señor de Chucuito, habló ásperamente diciéndole ¿cómo había respondido a la paz que puso su abuelo Viracocha Inca?, y que no le quería matar, mas que lo enviaría al Cuzco a donde sería castigado; y así a éste como a otros de los presos mandó llevar al Cuzco con guardas; y en señal de la victoria que hubo de los Collas, en el lugar susodicho mandó hacer grandes bultos de piedra y romper, por memoria, de un pedazo de una sierra y hacer otras cosas que hoy día, quien fuere por aquel lugar, verá y notará como hice yo, que paré dos días para ver y entender de raíz.[100]

---

98 *Recogidos*, en n. orig.

99 La violenta trasposición que dificulta la lectura de este pasaje, acaso no sea culpa del copista, sino más bien una prueba de que Cieza no acabó de limar su tratado de los Incas. Léase: *y fuéranlo más, si el Inca diera lugar a que el alcance se siguiera más esforzado*, o con más esfuerzo.

100 En el cap. CII de la Primera parte, dice: «Yo estuve un día en este lugar [Pucara] mirándolo todo.»

Capítulo LV. De cómo los Collas pidieron paz y de cómo el Inca se la otorgó y se volvió al Cuzco

Los Collas que escaparon de la batalla, dicen, que, muy espantados del acaecimiento, se dieron mucha prisa a huir, creyendo que los del Cuzco les iban a las espaldas; y así, andaban con este miedo volviendo de cuando en cuando los rostros a ver lo que ellos no vieron, por lo haber estorbado el Inca. Pasado el Desaguadero se juntaron todos los principales y tomando su consejo unos con otros determinaron de enviar a pedir paz al Inca, conque si los recibía en su servicio, pagarían los tributos que debían desde que se alzaron y que para siempre serían leales. A tratar esto fueron los más avisados dellos y hallaron a Tupac Inca que venía caminando para ellos y oró la embajada con buen semblante y respondió con palabras de vencedor piadoso, que le pesaba de lo que había hecho por causa dellos y que seguramente podían venir a Chucuito, a donde se asentaría con ellos la paz de tal manera que fuese provechosa para ellos. Y como lo oyeron pusiéronlo por obra.

Mandó proveer de muchos bastimentos y el Señor Humalla fue a los recibir y el Inca le habló bien, así a él como a los demás señores y capitanes; y antes que se tratase la paz, cuentan que se hicieron grandes bailes y borracheras y que, acabados, estando todos juntos, les dijo que no quería que se pusiesen en necesidad en le pagar los tributos que le eran debidos pues eran suma grande; mas, que pues sin razón ni causa se habían levantado, quél había de poner guarniciones ordinarias con gente de guerra [y] que proveyesen de bastimentos y mujeres a los soldados. Dijeron que lo harían, y luego mandó que de otras tierras viniesen mitimaes para ello, con la orden que está dicha; y asimismo entresacó muchas gentes del Collao, poniendo la de unos pueblos en otros, y entre ellos quedaron gobernadores y delegados para coger los tributos. Esto hecho, dijo que habían de pasar por una ley que quería hacer para que siempre se supiese lo que por ellos había sido hecho, y era que no pudiesen entrar jamás en el Cuzco más de tantos mil hombres de toda su provincia y mujeres, so pena de muerte si más osasen entrar de los dichos. Desto recibieron pena, mas concediéronlo como lo demás; y es cierto que si había Collas en el Cuzco no osaban entrar otros, si el número estaba cumplido, hasta que salían; y si lo querían hacer no podían, porque los portazgueros y cogedores de tributos y guardas que había para mirar lo que entraba y salía de la ciudad no lo permitían ni consentían y entre ellos no se usaba cohecho para poder hacer su voluntad, ni tampoco jamás se les decía a sus reyes mentira en cosa ninguna ni descubrieron su secreto; cosa de alabanza grande.

Asentada la provincia de Collao y puesta en orden, y hablándoles lo que habían de hacer los señores della el Inca dio su vuelta al Cuzco enviando primero sus mensajeros a lo de Condesuyo y a los Andes y que particularmente le avisasen lo que pasaba, y si sus gobernadores hacían algunos agravios y si los naturales andaban en algunos alborotos; y acompañado de mucha gente y principales volvió al Cuzco, donde fue recibido con mucha honra y se hicieron grandes sacrificios en el templo del Sol y [por] los que entendían en la labor del gran edificio de la Casa Fuerte que había mandado edificar Inca Yupanqui; y la Coya, su mujer y hermana, llamada Mama Ocllo, hizo por sí grandes fiestas y bailes. Y como Tupac Inca tuviese voluntad de salir por el camino de Chinchasuyo a sojuzgar las provincias que están más adelante de Tarama y Bonbón, mandó hacer gran llamamiento de gente por todas las provincias.

Capítulo LVI. De cómo Tupac Inca Yupanqui salió del Cuzco y como sojuzgó toda la tierra que hay hasta el Quito, y de sus grandes hechos

Esta conquista de Quito que hizo Tupac Yupanqui, bien pudiera yo ser más largo; pero tengo tanto que escribir en otras cosas, que no puedo ocuparme en tanto, ni quiero contar sino sumariamente lo que hizo, pues, para entenderlo, bastará lo divulgado por la tierra. La salida que el rey quería hacer de la ciudad del Cuzco, sin saber a qué parte ni dónde había de ser la guerra, porque esto no se decía sino a los consejeros, juntáronse más de doscientos mil hombres, con tan gran bagaje y repuesto que henchían los campos; y por las ostas fue mandado a los gobernadores de las provincias que de todas las comarcas se trajesen los bastimentos y municiones y armas al camino real de Chinchasuyo, el cual se iba haciendo no desviado del que su padre mandó hacer ni tan llegado que pudiesen hacerlo todo uno. Este camino fue grande y soberbio, hecho por la orden e industria que se ha escrito, y por todas partes había proveimiento para toda la multitud de gentes que iba en sus reales, sin que nada faltase, y con la haber, ninguno de los suyos era osado de coger tan solamente una mazorca de maíz del campo y si la cogía no le costaba menos que la vida. Los naturales llevaban las cargas y hacían los otros servicios personales, mas, creed que cierto se tiene, que no las llevaban más de hasta el lugar limitado; y como lo hacían con voluntad y les guardaban tanta verdad y justicia no sentían el trabajo.

Dejando en el Cuzco gente de guarnición con los mitines y gobernador escogido entre los más fieles amigos suyos, salió dél llevando por su capitán general y consejero mayor a Cápac Yupanqui, su tío no el que dio la guerra a los de Jauja, porque éste dicen que se ahorcó por cierto enojo; y como salió del Cuzco, anduvo hasta llegar a Vilcas, adonde estuvo algunos días holgándose de ver el templo y aposentos que allí se habían hecho y mandó que siempre estuviesen plateros labrando vasos y otras piezas y joyas para el templo y para su casa real de Vilcas.

Fue a Jauja, a donde los Guancas le hicieron solemne recibimiento, y envió por todas partes mensajeros haciéndoles saber cómo él quería ganar el amistad de todos ellos, sin les hacer enojo ni darles guerra; por tanto, que pues oían que los Incas del Cuzco no hacían tiranías ni demasías a los que tenían por confederados y vasallos y que, en pago del trabajo y homenaje que les daban, recibían dellos mucho bien, que le enviasen sus mensajeros para asentar la paz con él. En Bonbón súpose la gran potencia con que el Inca venía y, como tuviesen entendido grandes cosas de su clemencia, le fueron a hacer reverencia; y los de Yauyo hicieron lo mismo y los de Apurima y otros muchos, a los cuales recibió muy bien dándoles a unos mujeres y a otros coca y a otros mantas y camisetas y poniéndose del traje que tenía la provincia donde él estaba que fue por donde ellos recibían más contento.

Entre las provincias que hay entre Jauja y Cajamarca cuentan que tuvo algunas guerras y pendencias y mandó hacer grandes albarradas y fuertes para defenderse de los naturales y que con su buena maña, sin mucho derramamiento de sangre, los sojuzgó y lo mismo lo de Cajamarca; y por todas partes dejaba gobernadores y delegados y postas puestas, para tener aviso y no salir de ninguna provincia grande sin primero mandar hacer aposentos y templo del Sol y poner mitimaes. Cuentan, sin esto, que entró por lo de Guánuco y que mandó hacer el palacio tan primo que hoy vemos hecho; que yendo a los Chachapoyas le dieron tanta guerra que aina de todo punto los desbarataran; mas, tales palabras les pudo decir que ellos mismos se le ofrecieron. En Cajamarca dejó de la gente del Cuzco mucha, para que impusiesen a los naturales en cómo se habían de vestir y el tributo que le habían de dar y, sobre todo, cómo habían de adorar y reverenciar por dios al Sol.

Por todas las más de las partes le llamaban padre y tenía gran cuidado en mandar que ninguno hiciere daño en las tierras por donde pasaba ni fuerzas a ningún hombre ni mujer; al que lo hacía, luego por su mandado lo daban pena de muerte. Procuraba con los que sojuzgaba que hiciesen sus pueblos juntos y ordenados y que no se diesen guerra unos a otros ni se comiesen ni cometiesen otros pecados reprobados en ley natural.

Por los Bracamoros entró y volvió huyendo, porque es mala tierra aquella de montañas; en los Paltas y en Guancabamba, Cajas y Ayavaca y sus comarcas tuvo gran trabajo en sojuzgar aquellas naciones, porque son belicosas y robustas, y tuvo guerra con ellos más de cinco lunas; mas, al fin, ellos pidieron la paz y se les dio con las condiciones que a los demás; y la paz se asentaba hoy y mañana estaba la provincia llena de mitimaes y con gobernadores, sin quitar el señorío a los naturales; y se hacían depósitos y ponían en ellos mantenimiento y lo que más se mandaba poner; y se hacía el real camino con las postas que había de haber en todo él.

De estas tierras anduvo Tupac: Inca Yupanqui hasta ser llegado a los Cañares, con quien también tuvo sus porfías y pendencias, y siendo dellos lo que de los otros quedaron por sus vasallos y mandó que fuesen dellos mismos al Cuzco, a estar en la misma ciudad más de quince mil hombres con sus mujeres y el señor principal dellos, para los tener por rehenes, y fue hecho como se mandó. Algunos quieren decir que esta pasada de los Cañares a Cuzco fue en tiempo de Guayna Cápac. Y en lo de Tomebamba mandó hacer grandes edificios y muy lustrosos. En la primera parte traté como estaban estos aposentos y lo mucho que fueron.[101] Deste lugar envió diversas embajadas a muchas tierras de aquellas comarcas, para que le

---

101 Cap. XLIV.

quisiesen venir a ver y muchos, sin guerra, se ofrecieron a su servicio; y [a] los que no, enviando capitanes y gente les hacían hacer por fuerza lo que otros hacían de su voluntad.

Puesta en orden la tierra de los Cañares, fuese para Tiquizambi, Cayambi, los Puruaes[102] y otras muchas partes, a donde cuentan del tantas cosas que hizo que es de no creer, y el saber que tuvo para hacerse monarca de tan grandes reinos. En La Tacunga tuvo recia guerra con los naturales y asentó paz con ellos después que se vieron quebrantados y mandó hacer tantos y tan insignes edificios por estas partes que excedían en perfección a los más del Cuzco. Y en La Tacunga quiso estar al unos días, para que sus gentes descansasen; y veníales casi cada día mensajero del Cuzco del estado en que estaba lo de allá y de otras partes siempre venían correos con avisos y cosas grandes que se ordenaban en el regimiento de las tierras por sus gobernadores. Y vino nueva de cierto alboroto que había en el Cuzco entre los mismos orejones y causó alguna alteración, recelándose de novedades; mas, seguido, vino otra nueva cómo estaba llano y asentado y se habían hecho por el gobernador de la ciudad castigos grandes en los que habían causado el alboroto.

De La Tacunga anduvo hasta llegar a lo que decimos Quito, donde está fundada la ciudad de San Francisco del Quito, y pareciéndole bien aquella tierra y que era tan buena como el Cuzco, hizo allí fundación de la población que hubo, a quien llamó Quito y poblóla de mitimaes e hizo hacer grandes cavas y edificios y depósitos, diciendo: «El Cuzco ha de ser por una parte cabeza y amparo de mi gran reino; por otra ha de ser el Quito». Dio poder grande al gobernador de Quito; por toda la comarca del Quito puso gobernadores suyos y delegados; mandó que en Caranqui hubiese guarnición de gente ordinaria para paz y guerra y de otras tierras puso gente en éstas y destas mandó sacar para llevar en las otras. En todas partes adoraban el Sol y tomaban las costumbres de los Incas, tanto que parecía que habían nacido todos en el Cuzco; y queríanle y amábanle tanto que le llamaban Padre de todos, buen Señor, justo y justiciero. En la provincia de los Cañares, afirman que nació Guayna Cápac, su hijo, y que se hicieron grandes fiestas. Todos los naturales de las provincias que había señoreado el gran Tupac

---

102 *Tiacambe y Cayacombe, los Purares*, en n. orig.

Inca con su buena industria que les dio ordenaron sus pueblos en partes dispuestas y hacían en los caminos reales aposentos; entendían en aprender la lengua general del Cuzco y en saber las leyes que habían de guardar. Los edificios hacíanlos maestros que venían del Cuzco e imponían a los otros en ello; y así se hacían las demás cosas que por el rey eran mandadas.

Capítulo LVII. Cómo el rey Tupac Inca envió a saber dese Quito cómo se cumplía su mandamiento y cómo, dejando en orden aquella comarca, salió para ir por los valles de los Yuncas

Como Tupac Inca Yupanqui hubiese señoreado la tierra hasta el Quito, según se ha dicho, estando él en la misma población del Quito entendiendo que se cumpliesen y ordenasen las cosas por él mandadas, de donde mandó, a los que entre los suyos tenía por más cuerdos, que en hamacas fuesen llevados por los naturales y, unos por una parte y otro por otra, mirasen y entendiesen en la orden que estaban las nuevas provincias que se hacían y que tomasen cuenta a los gobernadores y cogedores de tributos y que mirasen cómo se habían con los naturales. A las provincias que llamamos de Puerto Viejo envió sus orejones a algunas dellas para que les hablasen y quisiesen tener su confederación, como los demás hacían y que los impusiesen en cómo habían de sembrar y servir y vestir y reverenciar al Sol y hacelles entender su buena orden de vivir y pulicía que iban a hacer y que Tupac Inca envió ciertos capitanes con gentes a castigarlos; mas, como lo supiesen, se juntaron tantos de los bárbaros que mataron y vencieron a los que fueron, de que mostró sentimiento el Inca; mas por tener negocios grandes entre las manos y convenir en persona volver al Cuzco, no fue él propio a dalles castigo por lo que habían hecho.

En Quito tuvo nueva cuán bien se hacía lo que por él había sido mandado y cuánto cuidado tenían los delegados suyos de imponer aquellas gentes en su servicio y cuán bien los trataban, y ellos cómo estaban alegres y hacían lo que les era mandado; y de muchos señores de la tierra le venían cada día embajadores y le traían grandes presentes y su corte estaba llena de principales y sus palacios de vasijas y vasos de oro y plata y otras grandes riquezas. Por la mañana comía y desde medio día hasta ser algo tarde oía en público, acompañado de su guarda, a quien le quería hablar. Luego gastaba el tiempo en beber hasta ser noche, que tornaba a cenar con lumbre de leña, porque ellos no usaron sebo ni cera, aunque tenían harto de lo uno y de lo otro.

En Quito dejó por su capitán general y mayordomo mayor a un orejón anciano, quien todos cuentan que era muy entendido y esforzado y de gentil presencia, a quien llamaban Chalco Mayta, y le dio licencia para que pudiese andar en andas y servirse con oro y otras libertades que él tuvo en mucho. Mandóle, sobre todas cosas, que cada Luna le hiciese mensajero que le llevase aviso particularmente de todas las cosas que pasasen y del estado de la tierra y de la fertilidad della y del crecimiento de los ganados, con más lo que ordinariamente todos avisaban, que era los pobres que había, los que eran muertos en un año y los que nacían y lo que se ha escrito en lo de atrás que sin esto sabían los reyes en el mismo Cuzco; y con haber tan grande camino desde Quito al Cuzco, que es más que ir de Sevilla a Roma, con mucho, era tan usado el camino como lo es de Sevilla a Triana que no lo puedo más encarecer.

Días había que el gran Tupac Inca tenía aviso de la fertilidad de Los Llanos y de los hermosos valles que en ellos había y cuánto se estimaban los señores dellos y determinó de les enviar mensajeros con dones y presentes para los principales, rogándoles que le tuviesen por amigo y compañero, porquél quería ser igual suyo en el traje cuando pasase por los valles, y no dalles guerra si ellos quisiesen paz y que daría a ellos de sus mujeres y ropas y él tomarla de las suyas, y otras cosas destas. Y por toda la costa había volado ya la nueva de lo mucho que había señoreado Tupac Inca Yupanqui y cómo no era cruel ni sanguinario ni hacía daño sino a los cavilosos y que querían oponerse contra él; y loaban la costumbre y religión de los del Cuzco tenían [a] los orejones por hombres santos, creyendo que los Incas eran hijos del Sol o que en ellos había alguna deidad. Y considerando estas cosas y otras determinaron muchos, sin haber visto sus banderas, de tomar con él amistad y así se lo enviaron a decir con sus propios embajadores, con los cuales enviaron muchos presentes al mismo rey y le rogaban quisiese venir por sus valles a ser dellos servido y a holgarse de ver sus frescuras; y alabando el Inca tal voluntad, hablando de nuevo al gobernador de Quito lo que había de hacer, salió de aquella ciudad para señorear los Yuncas.

Capítulo LVIII. De cómo Tupac Inca Yupanqui anduvo por Los Llanos y cómo todos los más de los Yuncas vinieron a su señorío

Como el rey Tupac Inca determinase de ir a los valles de Los Llanos, para atraer a su servicio y obediencia los moradores dellos, abajó a lo de Túmbez y fue honradamente recibido por los naturales, a quienes Tupac Inca mostró mucho amor; y luego se puso del traje quellos usaban para más contentarles y alabó a los principales el querer sin guerra tomarle por Señor, y prometió de los tener y estimar como a hijos propios suyos. Ellos, contentos con oír sus buenas palabras y manera con que les trataba, dieron la obediencia con honestas condiciones y permitieron quedar entre ellos gobernadores y hacer edificios; puesto que, sin esto que algunos indios afirman, tenían otros que Tupac Inca pasó de largo sin dejar hecho asiento en aquella tierra, asta que Guayna Cápac reinó; mas si hemos de mirar estos dichos de los indios, nunca concluiremos nada.

Saliendo de aquel valle caminó el rey Inca por lo más de la costa, yendo haciendo el camino real tan grande y hermoso como hoy parece lo que dél ha quedado; y por todas partes era servido y salían con presentes a le servir; aunque, en algunos lugares, afirman que le dieron guerra, pero no fue parte para quedar sin ser vasallos suyos. En estos valles se estaba algunos días bebiendo y dándose a placeres, holgándose de ver sus frescuras. Hicieron por su mandado grandes edificios de casas y templos. En el valle de Chimo dicen que tuvo recia guerra con el Señor de aquel valle, y que teniendo su batalla estuvo en poco quedar el Inca desbaratado de todo punto; mas, prevaleciendo los suyos, ganaron el campo y vencieron a los enemigos, a los cuales Tupac Inca con su clemencia perdonó, mandándoles, a los que vivos quedaron, [que] en sembrar sus tierras entendiesen y no tomasen otra vez las armas para él ni para otros. Quedó en Chimo su delegado; y lo más destos valles iban con los tributos a Cajamarca; y porque son hábiles para labrar metales, muchos dellos fueron llevados al Cuzco y a las cabeceras de las provincias, donde labraban plata y oro en joyas, vasijas y vasos y lo que más mandado les era. De Chimo pasó adelante el Inca y en Parmunquilla[103] mandó hacer una fortaleza, que hoy vemos, aunque muy gastada y desbaratada.

Éstos Yuncas son muy regalados y los señores viciosos y amigos de regocijos; andaban a hombros de sus vasallos; tenían muchas mujeres, eran ricos de oro y plata y piedras y ropa y ganados. En aquellos tiempos servíanse con pompa; delante dellos iban truhanes y decidores; en sus casas tenían porteros; usaban de muchas religiones. Dellos de voluntad se ofrecieron al Inca y otros se pusieron en armas contra él; mas, al fin, él quedó por soberano Señor dellos todos y monarca. No les quitó sus libertades ni costumbres viejas, conque usasen de las suyas, que de fuera o de grado se habían de guardar. Quedaron indios diestros que les impusieran en lo que el rey quería que supiesen, y en aprender la lengua general tuvieran cuidado grande. Pusiéronse mitimaes y, por los caminos, postas; cada valle tributaba moderadamente lo que dar de tributo podía que en su tierra, sin lo ir a buscar a la ajena, hubiese; a ellos guardábase la justicia, mas cumplían lo que prometían; cuando no, el daño era suyo y el Inca cobraba enteramente sus rentas. Señorío no se tiró a señor natural ninguno, pero sacáronse de los hombres de los valles muchos, poniéndose de los unos en los otros y para llevar a otras partes para los oficios que dicho se han.

Diose el Inca a andar por los demás valles con el mejor orden que podía, sin consentir que daño ninguno fuese hecho en los pueblos ni en los campos de las tierras por do pasaba; y los naturales tenían mucho bastimento en los depósitos y aposentos que por los caminos estaban hechos. Y con esta orden el Inca anduvo hasta que llegó al valle de Pachacama, donde estaba el templo tan antiguo y devoto de los Yuncas, muy deseado de ver por él; y como llegó a aquel valle, afirman que solamente quisiera que hubiera el templo del Sol, mas como aquel era tan honrado y tenido por los naturales no se atrevió y contentóse con que se hiciese casa del Sol grande y con mamaconas y sacerdotes para que hiciesen sacrificios conforme a su religión. Muchos indios dicen que el mismo Inca habló con el demonio que estaba en el ídolo de Pachacama, y que le oyó cómo era el hacedor del mundo y otros desatinos que no pongo por no convenir; y que el Inca le suplicó le

---

103 *Panunquilla*, en n. orig.

avisase con que servicio sería más honrado y alegre y que respondió que le sacrificasen mucha sangre humana y de ovejas.

Pasado lo sobredicho, cuentan que fueron hechos grandes sacrificios en Pachacama por Tupac Inca Yupanqui y grandes fiestas, las cuales pasadas dio la vuelta a Cuzco por un camino que se le hizo, que va a salir al valle de Jauja, que atraviesa por la nevada sierra de Pariacaca, que no es poco de ver y notar su grandeza y cuán grandes escaleras tiene, y hoy día se ven por entre aquellas nieves, para la poder pasar. Y visitando las provincias de la serranía y proveyendo y ordenando lo que más convenía para la buena gobernación allegó al Cuzco, a donde fue recibido con grandes fiestas y bailes y se hicieron en el templo grandes sacrificios por sus victorias.

Capítulo LIX. Cómo Tupac Inca tornó a salir del Cuzco y de la recia guerra que tuvo con los del Guarco y cómo, después de los haber vencidos, dio la vuelta al Cuzco

La provincia de Chincha fue en lo pasado gran cosa en este reino del Perú y muy poblada de gente, tanto que antes deste tiempo habían con sus capitanes salido y allegado al Collao, donde, con grandes despojos que hubieron, dieron la vuelta a su provincia, donde estuvieron y fueron siempre estimados de los comarcanos y temidos. El Inca padre de Tupac Inca se dice que envió desde los Soras un capitán con gentes de guerra, llamado Cápac Inca, a que procurase atraer a los de Chincha al señorío suyo; mas, aunque fue y lo procuró, fue poca parte porque se pusieron en arma y de tal manera se querían defender quel orejón, lo mejor que pudo, se volvió; y estuvieron sin ver capitán del Inca ninguno hasta que Tupac Inca los sojuzgó, a lo quellos mismos cuentan; porque yo no sé en esto más de lo que ellos mismos cuentan.

Volviendo al propósito, como Tupac Inca hubiese llegado al Cuzco, como se ha escrito, después de se haber holgado y dádose a sus pasatiempos los días que le pareció, mandó de nuevo hacer llamamiento de gente, con intención de acabar de señorear los indios de Los Llanos. Su mandado se cumplió y prestamente parecieron en el Cuzco los capitanes de las provincias con la gente de guerra que habían de traer y, después de puesto en orden lo de la ciudad y lo que más el rey había de proveer, salió del Cuzco y abajó a Los Llanos Por el camino de Guaytara. Y, sabiendo de su ida, muchos le aguardaban con intención de le tomar por Señor y muchos con voluntad de le dar guerra y procurar de conservar[se] en la libertad que tenían. En los valles de los Nazcas habían copia de gente y apercibidos de guerra.

Llegado Tupac Inca, hubo embajadas y pláticas entre unos y otros y, aunque hubo algunas porfías y guerrilla, se contentaron con lo que el Inca dellos quiso por cimiento: que se hiciesen casas fuertes y que hubiese mitimaes y pagar lo que de tributo les pusieron. Y de aquí fue el Inca al valle de Ica, a donde halló resistencia más que en lo de la Nazca; mas, su prudencia bastó [a] hacer, sin guerra, de los enemigos amigos y se allanaron como los pasados. En Chincha estaban aguardando si el Inca iba a su valle, puestos más de treinta mil hombres a punto de guerra, y esperaban favores de los vecinos. Tupac Inca, como lo supo, les envió mensajeros con grandes presentes para los señores y para los capitanes y principales, diciendo a los embajadores que de su parte les hiciesen grandes ofrecimientos y quél no quería guerra con ellos, sino paz y hermandad y otras cosas desta suerte. Los de Chincha oyeron lo que el Inca decía y recibiéronle sus presentes y fueron para él algunos principales con lo que había en el valle y hablaron con él y trataron el amistad, de tal manera que se asentó la paz y los de Chincha dejaron las armas y recibieron a Tupac Inca, que luego movió para Chincha. Esto cuentan los mismos indios de Chincha y los orejones del Cuzco; otros indios de otras provincias he oído que lo cuentan de otra manera, porque dicen que hubo grande guerra; mas yo creo que sin ella quedó por Señor de Chincha.

Llegado el Inca a aquel valle, como tan grande y hermoso lo vio se alegró mucho. Loaba las costumbres de los naturales y con palabras amorosas les rogaba que tomasen de las del Cuzco las que viesen que les cuadraban, y ellos le contentaron y obedecieron en todo; y, dado asiento en lo que se había de hacer, partió para Ica, de donde fue a lo que llaman del Guarco, porque supo que estaban aguardándole de guerra; y así era la verdad, porque los naturales de aquellos valles, teniendo en poco a sus vecinos porque así se habían amilanado y, sin ver por qué dado la posesión de sus tierras a rey extraño, y con mucho ánimo se juntaron, habiendo hecho casas fuertes y pucaraes en la parte perteneciente para ello, cerca de la mar, en donde pusieron sus mujeres e hijos. Y andando[104] el Inca con su gente en orden, allegó a donde estaban sus enemigos y les envió sus embajadas con grandes partidos y algunas veces con amenazas y fieros; mas no quisieron pasar por la ley de sus comarcanos, que era reconocer a extranjeros, y entre unos y otros, al uso destas partes, se trabó la guerra y pasaron grandes cosas entre ellos. Y como viniese el verano e hiciesen grandes calores, adoleció la gente del Inca, que fue causa que le convino retirar; y así, con la más cordura que pudo, lo hizo; y los del Guarco salieron por su valle y cogieron sus mantenimientos y comidas y tornaron a sembrar los campos y hacían armas y aparejábanse para, si del Cuzco viniesen contra ellos, que los hallasen apercibidos.

Tupac Inca revolvió sobre el Cuzco; y como los hombres sean de tan poca constancia, como vieron que los del Guarco se quedaron con lo que intentaron, comenzó a haber novedades entre algunos dellos, y se rebelaron algunos y apartaron del servicio del Inca. —Estos eran naturales de los valles de la misma costa. —Todo fue a oído del rey y lo que quedaba de aquel verano entendió en hacer llamamiento de gente y en mandar salir orejones para que fuesen por todas partes del reino a visitar las provincias y determinó de ganar el señorío del Guarco, aunque sobre ello se le recreciese notorio daño. Y como viniese el otoño y fuese pasado el calor del estío, con la más gente que pudo juntar abajó a Los Llanos y envió sus embajadores a los valles dellos, afeándolos su poca firmeza en presumir de se levantar contra él y amonestóles que estuviesen firmes en su amistad; donde no, certificóles que la guerra les haría cruel. Y como llegase al principio del valle del Guarco, en las faldas de una sierra, mandó a sus gentes fundar una ciudad a la cual puso por nombre Cuzco, como a su principal asiento, y las calles y collados y plazas tuvieron el nombre que las verdaderas. Dijo que, hasta quel Guarco fuese ganado y los naturales sujetos suyos, había de permanecer la nueva población y que en ella siempre había de haber gente de guarnición; y luego que se hubo hecho lo que en aquello se ordenó, movió con su gente a donde estaban los enemigos y los cercó, y tan firmes estuvieron en su propósito que jamás querían venir a partido

---

104 *Haciendo*, en n. orig.

ninguno y tuvieron su guerra, que fue tan larga que dicen que duró tres años, los veranos de los cuales el Inca se iba al Cuzco, dejando gentes de guarnición en el nuevo Cuzco que había hecho, para que siempre estuviese contra los enemigos.

Y así, los unos por ser señores, los otros por no ser siervos, procuraban de salir con su intención; pero al fin, al cabo de los tres años, los del Guarco fueron enflaqueciendo y el Inca, que lo conoció, les envió de nuevo embajadores que les dijesen que fuesen todos amigos y compañeros, quel no quería sino casar sus hijos con sus hijas y, por el consiguiente, sostener en todo confederación con gran igualdad; y otras cosas dichas con engaño, pareciéndole a Tupac Inca que merecían gran pena por haberle dado tanto trabajo; y los del Guarco, pareciéndoles que ya no podrían sostenerse muchos días y que con las condiciones hechas por el Inca sería mejor gozar de tranquilidad y sosiego, concedieron en lo que el rey Inca quería; que no debieran, porque dejando el fuerte fueron los más principales a le hacer reverencia y, sin más pensar, mandó a sus gentes que los matasen a todos y ellos con gran crueldad lo pusieron por obra y mataron a todos los principales y hombres más honrados dellos que allí estaban, y en los que no lo eran también se ejecutó la sentencia; y mataron tantos como hoy día lo cuentan los descendientes dellos y los grandes montones de huesos que hay son testigos; y creemos que lo que sobre esto se cuenta es lo que veis escrito.

Hecho esto, mandó hacer el rey Inca una agraciada fortaleza tal y de tal manera que yo conté en la Primera parte.[105] Asentado el valle y puestos mitimaes y gobernador, habiendo oído las embajadas que le vinieron de los Yuncas y de muchos serranos, mandó ruinar el nuevo Cuzco que se había hecho y con toda su gente dio la vuelta para la ciudad del Cuzco, donde fue recibido con gran alegría y se hicieron grandes sacrificios con alabanza suya en el templo y oráculos, y por el consiguiente se alegró el pueblo con fiestas y borracheras y taquis solemnes.

---

105 Cap. LXXIII; en donde se ocupa de esta guerra del Huarco, y dice, además, que la trata en la segunda parte de su Crónica.

Capítulo LX. De cómo Tupac Inca tornó a salir del Cuzco y cómo fue al Collao y de allí a Chile y ganó y señoreó las naciones que hay en aquellas tierras, y de su muerte

Como Tupac Inca hubiese llegado al Cuzco con tan grandes victorias como se ha escrito, estuvo algunos días holgándose en sus banquetes y borracheras con sus mujeres y mancebas, que eran muchas, y con sus hijos, entre los cuales se criaba Guayna Cápac, el que había de ser rey y salía muy esforzado y brioso. Pasadas las fiestas, el gran Tupac Inca pensó de dar vista al Collao y señorear la tierra que más pudiese de adelante; y para hacerlo mandó que se apercibiesen en todas partes gentes y se hiciesen muchos toldos para dormir en los lugares desiertos. Y comenzaron a venir con sus capitanes y alojábanse a la redonda del Cuzco, sin entrar en la ciudad otros que los que la ley no prohibía, y a los unos y a los otros proveían cumplidamente de todo lo necesario, teniendo en ello cuenta grandes los gobernadores y proveedores de la misma ciudad. Y como se hubiesen juntado todos los que habían de ir a la guerra, se hicieron sacrificios a sus dioses, conforme a su ceguedad, poniendo a los adivinos que supiesen de los oráculos el fin de la guerra; y, hecho un convite general y muy espléndido, salió del Cuzco Tupac Inca, dejando en la ciudad su lugarteniente y su hijo mayor Guayna Cápac, y con gran repuesto[106] y majestad, caminó por lo de Collasuyo, visitando sus guarniciones y tambos reales y holgóse por los pueblos de los Canas y Canches.

Entrando en lo de Collao anduvo hasta Chucuito, donde los señores de la tierra se juntaron a le hacer fiesta; y había con su buena orden todo recaudo y abasto de mantenimientos, sin que faltase a más de trescientas mil personas que iban en sus reales. Algunos señores del Collao se ofrecieron de ir por sus personas con el mismo Inca, y con los que señaló entró en el palude de Titicaca [y] loó a los que entendían en las obras de los edificios que su padre mandó hacer cuán bien lo habían hecho. En el templo hizo grandes sacrificios y dio al ídolo y sacerdotes dones ricos, conforme a tan gran señor como él era. Volvió a su gente y camino por toda la provincia del Collao hasta salir della; envió sus mensajeros a todas las naciones de los Charcas, Carangas y más gentes que hay en aquellas tierras. Dellas,

---

106 Probablemente *respeto*.

unos le acudían a servir y otros a le dar guerra, mas, aunque se la dieron, su potencia era tanta que bastó a los sojuzgar, usando con los vencidos de gran clemencia y, con los que se venían, de mucho amor. En Paria mandó hacer edificios grandes y lo mismo en otras partes. Y cierto debieron pasar a Tupac Inca cosas grandes, muchas de las cuales priva el olvido por la falta que tienen de letras, y yo pongo sumariamente algo de lo mucho que sabemos, por lo que oímos y vemos los que acá estamos que pasó.

Yendo victorioso adelante de los Charcas atravesó muchas tierras y provincias y grandes despoblados de nieve, hasta que llegó a lo que llamamos Chile y señoreó y conquistó todas aquellas tierras, en las cuales dicen que llegaron al río de Maule. En lo de Chile hizo algunos edificios y tributáronle de aquellas comarcas mucho oro en tejuelos. Dejó gobernadores y mitimaes y, puesto en orden lo que había ganado, volvió al Cuzco.

Hacia la parte de Levante envió orejones avisados en hábito de mercaderes, para que mirasen las tierras que hubiese y qué gentes las mandaban; y, ordenadas estas otras cosas, volvió al Cuzco, de donde afirman que tornó a salir a cabo de algunos días; y con la gente que convino llevar entró en los Andes y pasó gran trabajo por la espesura de la montaña y conquistó algunos pueblos de aquella región y mandó sembrar muchas sementeras de coca y que la llevasen al Cuzco, donde él dio la vuelta.

Y dicen que, pasados pocos días, le dio cierto mal que le causó la muerte y que, encomendando a su hijo la gobernación del reino y a sus mujeres e hijos y diciendo otras cosas, murió. Y se hicieron grandes lloros y tan notable sentimiento desde Quito hasta Chile, que es extraña cosa de oír a los indios lo que sobre ello cuentan.

Adónde, ni en qué lugar está enterrado, no lo dicen. Cuentan que se mataron gran número de mujeres y servidores y pajes para meter con él, con tanto tesoro y pedrería que debió montar más de un millón; y sería poco, pues los señores particulares se enterraban algunos con más de 100.000 castellanos. Sin la gente tanta que metieron en su sepultura, se ahorcaron y enterraron muchas mujeres y hombres en partes diversas del reino y en todas partes se hicieron lloros por un año entero y se trasquilaron las más de las mujeres, poniéndose todas sogas de esparto; y acabado el año se vinieron a hacer sus honras. Y lo que dicen que usaban hacer no lo quiero poner, porque son gentilidades; y los cristianos que estaban en el Cuzco el año de 1550 acuérdense de lo que vieron que se hizo por las honras y cabo de año de Paulo Inca, con se haber vuelto cristiano, y sacarán lo que sería en tiempo del reinado de los reyes pasados, antes que perdiesen su señorío.

Capítulo LXI. De cómo reinó en el Cuzco Guayna Cápac que fue el doceno rey Inca

Muerto que fue el gran rey Tupac Inca Yupanqui, se entendió en hacer sus obsequias y entierro al uso de sus mayores, con gran pompa. Y cuentan los orejones que de secreto tramaban entre algunos de cobrar la libertad pasada y eximir de sí el mando de los Incas y que de hecho salieran con lo que intentaban si no fuera por la buena maña que se dieron los gobernadores del Inca con la gente de los mitimaes y capitanes, que pudieron sustentar en tiempo tan revuelto y que no tenía rey lo quel pasado les había encargado. Guayna Cápac no descuidó ni dejó de conocer que le convenía mostrar valor para no perder lo que su padre con tanto trabajo ganó. Luego se entró a hacer el ayuno y el que gobernaba la ciudad le fue fiel y leal. No dejó de haber alguna turbación entre los mismos incas, porque algunos hijos de Tupac Inca, habidos en otras mujeres que la Coya, quisieron ponerse a pretender[107] la dignidad real, mas el pueblo, que veían estaba con Guayna Cápac, no lo consintió, mas estorbó el castigo que se hizo. Acabado el ayuno, Guayna salió con la borla muy galano y aderezado e hizo las ceremonias usadas por sus pasados, con el fin de las cuales el nombre de rey le pusieron; y así, a grandes voces decían Guayna Cápac Zapalla tucuillacta uya; que quiere decir[108] «Guayna Cápac solo es rey; a él oían todos los pueblos».

Era Guayna Cápac, según dicen muchos indios que le vieron y conocieron, de no muy gran cuerpo, pero doblado y bien hecho; de buen rostro y muy grave; de pocas palabras, de muchos hechos; era justiciero y castigaba sin templanza. Quería ser tan temido que de noche le soñaran los indios. Comía como ellos usan y así vivía vicioso de mujeres, si así se le puede

---

107 *Prender*, en n. orig.
108 *De gran*, en n. orig.

decir; oía a los que le hablaban bien y creíase muy de ligero; privaron con él mucho los aduladores y lisonjeros, que entre ellos no faltaban ni hoy deja de haber, y daba oídos a mentiras, que fue causa que muchos murieron sin culpa. A los mancebos que tentados de la carne dormían con sus mujeres o mancebas o con las que estaban en el templo de Sol, luego los mandaba matar a ellos y a ellas castigó igual. A los que él castigó por alborotos y motines privó de las haciendas dándolas a otros; por otras causas, era el castigo en las personas solamente. Mucho desto disimulaba su padre, especial lo de las mujeres, que cuando se tomaba alguno con ellas decía que eran mancebos. Su madre de Guayna Cápac, señora principal, mujer y hermana que fue de Tupac Inca Yupanqui, llamada Mama Ocllo, dicen que fue de mucha prudencia y que avisó a su hijo de muchas cosas que ella vio hacer a Tupac Inca, y que le quería tanto que le rogó no se fuese a Quito ni a Chile hasta que ella fuese muerta; y así, cuentan que por le hacer placer y obedecer a su mandado estuvo en el Cuzco sin salir hasta que ella murió y fue enterrada con gran pompa, metiéndose en su sepultura muchos tesoros y ropa fina y de sus mujeres y servidores. Los más tesoros de los Incas muertos y heredades, que llaman chácaras, todo estaba entero desde el primero, sin que ninguno osase gastarlo ni tocarlo, porque entre ellos no tenían guerras ni necesidades que el dinero hubiese de las remediar; por donde creemos que hay grandes tesoros en las entrañas de la tierra perdidos; y así estarán para siempre si de ventura alguno, edificando o haciendo otra cosa, no topare con algo de lo mucho que hay.

Capítulo LXII. Cómo Guayna Cápac salió del Cuzco y lo que hizo

Guayna Cápac había mandado parecer delante de sí a los principales señores de los naturales de las provincias y, estando su Corte llena dellos, tomó por mujer a su hermana Chimbo Ocllo y por ello se hicieron grandes fiestas, dejando los lloros que por la muerte de Tupac Inca se hacían. Y acabadas, mandó que se saliesen con él hasta cincuenta mil hombres de guerra, con los cuales quería ir acompañado para ir a visitar las provincias de su reino. Como lo mandó se puso por obra y salió del Cuzco con más pompa y autoridad que su padre, porque las andas serían tan ricas, a lo que afirman los que llevaron el rey en sus hombros, que no tuvieran precio las piedras preciosas tan grandes y muchas. Y fue por las provincias de Xaquixaguana y Andaguaylas y allegó a los Soras y Lucanas,[109] donde envió embajadas a muchas partes de los llanos y sierras y tuvo respuesta dellos y de otras, con grandes presentes y ofrecimientos.

Volvió desde aquellos lugares al Cuzco, donde estuvo entendiendo en hacer grandes sacrificios al Sol y a los que más tenían por dioses, para que le fuesen favorables en la jornada que quería hacer, y dio grandes dones a los ídolos de los guacas; y supo de los adivinos, por los dichos de los demonios o porque ellos lo inventaron, que le había de suceder prósperamente en las jornadas que hacer quería y que volverían al Cuzco con grande honra y provecho. Esto acabado, de muchas partes vinieron gentes con sus armas y capitanes, por su mandado, y alojados, de la ciudad eran proveídos.

En el edificio de la fortaleza se entendía sin dejar de labrar día ninguno los para ello señalados. En la plaza del Cuzco se puso la gran maroma de oro y se hicieron grandes bailes y borracheras y, junto a la piedra de la guerra, se nombraron capitanes y mandones conforme a su costumbre; y ordenándoles, hizo un parlamento Guayna Cápac, bien ordenado y dicho con palabras vehementes, sobre que le fuesen leales así los que van con él como los que quedaban. Respondieron que de su servicio no se partían, el cual dicho loó y dio esperanzas de les hacer mercedes largas. Y estando aparejado lo que para la jornada era menester, salió del Cuzco con toda la gente de guerra que se había juntado y por un camino grande, tan soberbio como hoy día parece, pues todos los de acá lo vemos y andamos por él, anduvo hacia el Collao, mostrando por las provincias donde pasaba tener en poco los grandes servicios que le hacían; porque dicen que decía que a los Incas todo se les debía. Entendía en sobre lo que le daban de tributo y la posibilidad de la provincia; recogió muchas mujeres, las más hermosas que se podían hallar; dellas tomaba para sí y otras daba a sus capitanes y privados; las demás eran puestas en el templo del Sol y allí guardadas.

Entrando en el Collao, le trajeron cuenta de las grandes manadas que tenía de ganados y cuántas mil cargas de lana fina se llevaban por año a los que hacían la ropa para su casa y servicio. En la isla de Titicaca entró y

---

109 *Lucas*, en n. orig.

mandó hacer grandes sacrificios. En Chuquiabo,[110] mandó que estuviesen indios estantes con sus veedores a sacar metal de oro con la orden y regimiento que se ha escrito. Pasando adelante, mandó que los Charcas y otras naciones hasta los Chichas sacasen cantidad grande de pastas de plata, que se llevasen al Cuzco por su cuenta, sin que nada faltase; trasportó algunos mitimaes de una parte en otra, aunque había días que estaban alojados; mandaba que todos trabajasen y ninguno holgase, porque decía que la tierra donde había holgazanes no pensaban otra cosa sino cómo buscar escándalos y corromper la honestidad de las mujeres. Por donde pasaba mandaba edificar tambos y plazas, dando con su mano la traza; repartió los términos a muchas provincias y límite conocido para que, por aventajallo, no viniesen a las manos. Su gente de guerra, aunque era tanta, iba tan corregida que no salía de los reales un paso; por donde pasaban, los naturales proveían de lo necesario tan cumplidamente, que era más lo que sobraba que lo que se gastaba. En algunos lugares edificaron baños y en otros cotos y por los desiertos se hicieron grandes casas. Por todas partes quel Inca pasaba dejaba hechas tales cosas que es admiración contarlas. Al que erraba castigaba sin dejar pasar por alto nada y gratificaba a quien bien le servía.

Ordenad[as] estas cosas y otras, pasó de las provincias sujetas agora a la Villa de la Plata y por lo de Tucuma[111] envió capitanes con gente de guerra a los Chiriguanaes; mas no les fue bien, porque volvieron huyendo. Por otra parte, hacia la mar del Sur, envió más gente con otros capitanes a que señoreasen los valles y pueblos que del todo su padre no pudo conquistar. Él fue caminando con toda su gente hacia Chile, acabando de tomar por donde pasaba, las gentes que había. Pasó gran trabajo por los despoblados y fue mucha la nieve que sobre ellos cayó; llevaban toldos con que se guarecer y muchos yanaconas y mujeres de servicio. Por todas estas nieves se iba haciendo el camino o ya estaba hecho y bien limpio y postas puestas por él.

Allegó a lo que llamaban Chile, a donde estuvo más de un año entendiendo en refrenar aquellas naciones y asentarlas de todo punto; mandó

---

110 *Chuaguabo*, en n. orig.
111 *Tuquimo* en n. orig.

que le sacasen la cantidad que señaló de tejuelos de oro; y los mitimaes fueron puestos y trasportadas muchas gentes de aquellas de Chile de unas partes en otras. Hizo, en algunos lugares fuertes y cercas a su uso, que llaman pucaraes, para la guerra que con algunos tuvo. Anduvo mucho más por la tierra que su padre, hasta que dijo que había visto el fin della y mandó hacer memorias por muchos lugares para que en lo futuro se entendiese su grandeza, y fama de hombres crecidos.[112]

Puesto en razón lo de Chile y hecho lo que convino, puso sus delegados y gobernadores y mandó que siempre avisasen en la corte del Cuzco lo que pasara en aquella provincia. Encargóles que hiciesen justicia y que no consintiesen motín ni alboroto que no matasen los movedores sin dar la vida a ninguno.

Volvió al Cuzco, a donde fue recibido de la ciudad honradamente y los sacerdotes del templo de Curicancha le dieron muchas bendiciones y él alegró al pueblo con grandes fiestas que se hicieron. Y nacíanle muchos hijos, los cuales criaban sus madres, entre los cuales nació Atahuallpa, según la opinión de todos los indios del Cuzco que dicen ser así, y llamábase su madre Tuta Palla, natural de Quillaco, aunque otros dicen ser del linaje de los Orencuzcos; y siempre, desde que se crió, anduvo Atahuallpa con su padre y era de más edad que Guascar.

Capítulo LXIII. De cómo el rey Guayna Cápac tornó a mandar hacer llamamiento de gente y cómo salió para lo de Quito

Como Guayna Cápac se hubiese holgado algunos meses en el Cuzco y en él se hubiesen juntado los sacerdotes de los templos y adivinos de los oráculos, mandó hacer sacrificios y la ofrenda de la capacocha se hizo bien grande y rica y volvieron bien llenos de oro los burladores de los hechiceros. A cada uno daban respuesta como les parecía que el rey sería más contento. Lo cual con otras cosas pasado, mandó Guayna Cápac que se entendiese en hacer un camino más real, mayor y más ancho que por donde fue su padre, que llegase hasta Quito, a donde tenía pensado de ir; y que los aposentos ordinarios y depósitos de las postas se pasasen a él. Para que por todas las tierras se supiese ser esto su voluntad, salieron

---

112 ¿No diría en el original y fuera más de hombres creída?

correos a lo avisar y luego fueron orejones a lo mandar cumplir y se hizo un camino el más soberbio y de ver que hay en el mundo, y más largo, porque salía del Cuzco y allegaba a Quito y se juntaba con el que iba a Chile. Igual a él, creo yo que, desde que hay memoria de gente, no se ha leído de tanta grandeza como tuvo este camino, hecho por valles hondos y por sierras altas, por montes de nieve, por tremedales de agua y por peña viva y junto a ríos furiosos; por estas partes iba llano y empedrado, por las laderas bien sacado, por las sierras desechado, por las peñas socavado, por junto a los ríos sus paredes, entre nieves con escalones y descansos; por todas partes limpio, barrido, descombrado, lleno de aposentos, de depósitos de tesoros, de templos del Sol, de postas que había en este camino. ¡Oh! ¿Qué grandeza se puede decir de Alexandre ni de ninguno de los poderosos reyes que el mundo mandaron que tal camino hiciesen, ni inventasen el proveimiento que en él había? No fue nada la calzada que los romanos hicieron, que pasa por España, ni los otros que leemos, para que con este se comparen. Y hízose hasta en más poco tiempo de lo que se puede imaginar; porque los Incas más tardaban ellos en mandarlo que sus gentes en ponerlo por obra.

Hízose llamamiento general en todas las provincias de su señorío y vinieron de todas artes tantas gentes que henchían los campos; y después de haber hecho banquetes y borracheras generales y puesto en orden las cosas de la ciudad, salió della Guayna Cápac con iscaypachaguaranga runas, que quiere decir con «doscientos mil hombres», sin los yanaconas y mujeres de servicio, que no tenía cuento el número dellos. Llevaba consigo dos mil mujeres y dejaba en el Cuzco más de cuatro mil.

Habían proveído los delegados y gobernadores que asistían en las cabeceras de las provincias que de todas las partes acudiesen [con] bastimento y armas y todo lo demás que siempre se recogía y guardaba para cuando se hacía guerra; y así hinchieron los grandes aposentos y depósitos de todo ello, de manera que de 4 a cuatro 4, que era la jornada, estaba entendido que se había de hallar proveimiento para toda esta multitud de gente, sin que faltase sino que sobrase más de lo que ellos gastasen y las mujeres y muchachos y hombres que servían personalmente de lo que les era mandado y que llevaban el repuesto del Inca y el bagaje de la gente de guerra de un tambo a otro, donde estaba el proveimiento que en el pasado.

Como saliese Guayna Cápac, por el camino que por su mandado se había mandado hacer, del Cuzco, anduvo hasta que llegó a lo de Vilcas, donde paró algunos días en los aposentos que le habían hecho pegados con los de su padre; y holgóse de ver que estaba el templo del Sol acabado y dejó cantidad de oro y pastas de plata para joyas y vasos; mandó que se tuviese gran cuidado del proveimiento de las mamaconas y sacerdotes. Subióse a hacer oración en un terrado galano y primo que para ello se había hecho; sacrificaron, conforme a su ceguedad, lo que usaban y mataron muchos animales y aves, con algunos niños y hombres, para aplacar a sus dioses.

Esto hecho, salió de aquel lugar con su gente el rey y no paró hasta el valle de Jauja, donde había alguna controversia y división sobre los límites y campos del valle, entre los mismos que dél eran señores. Como Guayna Cápac lo entendió, después de haber hecho sacrificios, como en Vilcas, mandó juntar los señores Alaya, Cucichuca, Guacaropa[113] y entre ellos con equidad repartió los campos de la manera que hoy día lo tienen. A los Yauyos envió embajadas; lo mismo hizo a los Yuncas y a Bonbón envió algunos dones a los señores naturales de aquella tierra; porque como tenían fuerza en la laguna, en partes que nadaban, hablaban sueltamente y por rigor no quiso hablar con ellos hasta verla suya. Los señores de Jauja le hicieron grandes servicios y algunos de los capitanes y gentes de guerra le fueron acompañando; y anduvo hasta Bonbón, donde paró poco, porque quiso ir a Cajamarca, más aparejado lugar para descansar y comarcano con provincias grandes y muy altas. Y por el camino siempre le venían gentes con grandes embajadas y presentes.

Como legó a Cajamarca, paró algunos días para descansar del camino y mandó que su gente de guerra se alojase a la redonda de aquella tierra y que comiese lo que recogido en los depósitos estaba; y con la gente que le pareció entró por los Guancachupachos y tuvo recia guerra, porque no del todo quedaron los naturales de allí en gracia de su padre y conformidad; mas, tanto pudo, que lo allanó y sojuzgó, poniendo gobernadores y capitanes y eligiendo de los naturales señores para que mandasen las tierras, los que más les pareció; porque ellos, de antigüedad, no conocían

---

113 *Guacarapora* lo llama en la Primera parte, cap. LXXXIV.

[por] señores a otros que los que, siendo más poderosos, se levantaban y acaudillaban para hacer guerra, y otorgaban paz cuando ellos querían. En los Chachapoyas haló Guayna Cápac gran resistencia; tanto, que por dos veces volvió yendo desbaratado a los fuertes que para su defensa se hacían; y con favores que le vinieron, se revolvió sobre los Chachapoyanos y los quebrantó de tal manera que pidieron paz, cesando por su parte la guerra. Diose con condiciones provechosas al Inca, que mando pasar muchos dellos a que residiesen en el mismo Luzco, cuyos descendientes hoy viven en la misma ciudad; tomó muchas mujeres, porque son hermosas y agraciadas y muy blancas; puso guarniciones ordinarias con soldados mitimaes para que estuviesen por frontera; dejó gobernador en lo principal de la comarca; proveyó lo que más ellos usaban; castigó a muchos de los principales, porque le dieron guerra; lo cual echo, a Cajamarca se volvió, donde prosiguió su viaje y puso en orden las provincias de Cajas, Ayahuaca, Guancabamba[114] y las demás que con ellas confinan.

Capítulo LXIV. Cómo Guayna Cápac entro por Bracamoros y volvió huyendo y lo que más le sucedió hasta que llegó a Quito

Público es entre muchos naturales de estas partes que Guayna Cápac entró por la tierra que llamamos Bracamoros y que volvió huyendo de la furia de los hombres que en ellas moran; los cuales se habían acaudillado y juntado para defender a quien los fuese a enojar; y, sin los orejones del Cuzco, cuenta esto el señor de Chincha y algunos principales del Collao y los de Jauja. Y dicen todos que, yendo Guayna Cápac acabando de asentar aquellas tierras por donde su padre pasó y que había sojuzgado, supo de cómo en los Bracamoros había muchos hombres y mujeres que tenían tierras fértiles y que bien adentro de la tierra había una laguna y muchos ríos, llenos de grandes poblaciones. Codicioso de descubrir y ganoso de señorear, tomando la gente que le pareció, con poco bagaje, mandó caminar para allá, dejando el campo alojado por los tambos reales y encomendado a su capitán general. Entrando en la tierra iban abriendo[115] el camino con asaz trabajo, porque pasada la cordillera de los promontorios nevados

---

114 *Carcas, Yaboca* y *Naucabamba* en n. orig.
115 *Abreviando*, en n. orig.

dieron en la montaña de los Andes y hallaron ríos furiosos que pasar y caían muchas aguas del cielo. Todo no fue parte para que el Inca dejase de llegar a donde los naturales por muchas partes puestos en sus fuertes les estaban aguardando, desde donde le mostraban sus vergüenzas, afeándole su venida; y comenzaron la guerra unos y otros y tantos de los bárbaros se juntaron, los más desnudos sin traer ropas, a lo que se afirmaba, que el Inca determinó de se retirar y lo hizo sin ganar nada en aquella tierra. Y los naturales que lo sintieron le dieron tal prisa que a paso largo, a veces haciendo rostros, a veces enviando presentes, se descabulló dellos y volvió huyendo a su reino, afirmando que se había de vengar de los rabudos; lo cual decía porque algunos traían las maures[116] largas que les colgaban por encima de las piernas.

Desde estas tierras donde ya había reformado, se afirma también que envió capitanes con gente la que bastó a que viesen la costa de la mar lo que había a la parte del Norte y que procurasen de atraer a su servicio los naturales de Guayaquil y Puerto Viejo; y que estos anduvieron por aquellas comarcas, en las cuales tuvieron guerra y algunas batallas, y en unos casos quedaban vencedores y en otros no del todo; y así anduvieron hasta Collique, donde toparon con gentes que andaban desnudas y comían carne humana y tenían las costumbres que hoy tienen y usan los comarcanos al río de San Juan; de donde dieron la vuelta, sin querer pasar adelante, a dar aviso a su rey, que con toda su gente había llegado a los Cañares; a donde se holgó en extremo, porque dicen nacer[117] allí y que halló hechos grandes aposentos y tambos y mucho proveimiento y envió embajadas a que le viniesen a ver de las comarcas; y de muchos lugares le vinieron embajadores con presentes.

Tengo entendido que, por cierto alboroto que intentaron ciertos pueblos de la comarca del Cuzco, lo sintió tanto que, después de haber quitado las cabezas a los principales, mandó expresamente que los indios de aquellos lugares trajesen de las piedras del Cuzco la cantidad que señaló para hacer en Tomebamba unos aposentos de mucho primor, y que con maromas las trajesen: y se cumplió su mandamiento. Y decía muchas veces Guayna Cá-

---

116 *Pampanillas*, taparrabos o tapavergüenzas.
117 Es decir: *que nació allí o haber nacido allí*.

pac que las gentes destos reinos, para tenellos bien sojuzgados, convenía, cuando no tuviesen que hacer ni que entender, hacerles pasar un monte de un lugar a otro; y aún del Cuzco mandó llevar piedras y losas para edificios del Quito, que hoy día tienen en los edificios que las pusieron.

De Tomebamba salió Guayna Cápac y pasó por los Puruaes y descansó algunos días en Riobamba y en Mocha y en La Tacunga descansaron sus gentes y tuvieron bien que beber del mucho brebaje que para ellos estaba aparejado y recogido de todas partes. Aquí fue saludado y visitado de muchos señores y capitanes de la comarca y envió orejones de su linaje[118] a que fuesen por la costa de Los Llanos y por la serranía a tomar cuenta de los quiposcamayos, que son sus contadores, de lo que había en los depósitos, y a que supiesen cómo se habían con los naturales los quél tenía puestos por gobernadores y si eran bien preveídos los templos del Sol y los oráculos y guacas que había en todo lugar; y al Cuzco envió sus mensajeros para que ordenasen las cosas que dejaba mandadas y en todo se cumpliese su voluntad. Y no había día que no le venían correos, no uno ni pocos sino muchos, del Cuzco, del Collao, de Chile y de todo su reino.

De La Tacunga anduvo hasta que allegó a Quito, donde fue recibido, a su modo y usanza, con grandes fiestas; y le entregó el gobernador de su padre los tesoros, que eran muchos, con la ropa fina y cosas más que a su cargo eran; y honróle con palabras, loando su fidelidad, llamándole padre y que siempre le estimaría conforme a lo mucho que a su padre y a él había servido. Los pueblos comarcanos a Quito enviaron muchos presentes y bastimento para el rey y mandó que en el Quito se hiciesen más aposentos y más fuertes de los que había; y púsose luego por obra y fueron hechos los que los nuestros hallaron cuando aquella tierra ganaron.

Capítulo LXV. De cómo Guayna Cápac anduvo por los valles de Los Llanos y lo que hizo

Unos de los orejones afirman que Guayna Cápac desde el Quito volvió al Cuzco por Los Llanos hasta Pachacama, y otros que no pues quedó en el Quito hasta que murió. En esto, inquirido lo que es más cierto, lo porné conforme a como lo oí a algunos principales que se hallaron por sus personas

---

118   Así en el MS. del Escorial. Quizá sobre *fue él*.

con él en esta guerra; que dicen que, estando en el Quito, le vinieron de muchas partes embajadores a congratularse con él en nombre de sus tierras; que teniendo y habiendo tomado seguro y por muy pacífico a las provincias de la serranía, pensó que sería bien hacer jornada a las provincias de Puerto Viejo y a lo que llamamos Guayaquil y a los Yuncas; y, tomando su consejo con sus capitanes y principales, aprobaron su pensamiento y aconsejaron que lo pusiera por obra. Quedaron en el Quito muchas de sus gentes; con la que convino salió, y entró por aquellas tierras, en donde tuvo con algunos moradores dellas algunas refriegas; pero, al fin, unos y otros quedaron en su servicio y puestos en ellas gobernadores y mitimaes.

La Puná tenía recia guerra con Túmbez y el Inca había mandado cesar las contiendas y que le recibiesen en la Puná, lo cual Tunbalá sintió mucho, porque era Señor della; mas no se atrevió a ponerse contra el inca, antes lo recibió e hizo presentes con fingida paz; porque, como salió procurándolo con los naturales de la tierra firme trataron de matar muchos orejones con sus capitanes que con unas balsas iban a salir a un río para tomar la tierra firme; mas Guayna Cápac lo supo y sobre ello hizo lo que yo tengo escrito en la Primera arte en el Capítulo LIII; y hecho gran castigo, y mandando hacer la calzada o paso fuerte que llaman de Guayna Cápac,[119] volvió y paró en Túmbez, donde estaban hechos edificios y templo del Sol; y vinieron de las comarcas a le hacer reverencia con mucha humildad. Fue por los valles de Los Llanos poniéndolos en razón, repartiéndoles los términos y aguas, mandándoles que no se diesen guerra y haciendo lo que en otros lugares se ha escrito. Y dicen dél que yendo por el hermoso valle de Chayanta, cerca de Chimo, que es donde agora está la ciudad de Trujillo, estaba un indio viejo en una sementera, y como oyó que pasaba el rey por allí cerca, que cogió tres o cuatro pepinos que con su tierra y todo se los llevó y le dijo: Ancha Atunapu micucampa; que quiere decir: «Muy gran Señor, come tú esto». Y que delante de los señores y más gente, tomó los pepinos y comiendo de uno de ellos dijo delante de todos, por agradar al viejo Xuylluy, mizqui cay; que en nuestra lengua quiere decir «En verdad que es muy dulce esto». De que todos recibieron grandísimo placer.

---

119 Por donde hoy está asentada la ciudad de Guayaquil, cuyo asiento conservaba aún en el siglo XVII el nombre de Paso de Huaina Capac.

Pues pasando adelante, hizo en Chimo y en Guañape, Guarmey, Guaura, Lima y en los más valles lo quél era servido que hiciesen; y como llegase a Pachacama hizo grandes fiestas y muchos bailes y borracheras; y los sacerdotes, con sus mentiras, le decían las maldades que solían, inventadas con su astucia y aún algunas por boca del mismo Demonio, que en aquellos tiempos. De aquí dicen algunos de los indios que subió al Cuzco, otros que volvió al Quito. En fin, sea desta vez o que haya sido primero, que va poco, él visitó todos Los Llanos y para él se hizo el gran camino que por ellos vemos hechos, y así, sabemos que en Chincha y en otras partes destos valles hizo grandes aposentos y depósitos y templo del Sol. Y puesto todo en razón, lo de Los Llanos y lo de la sierra, y teniendo todo el reino pacífico, revolvió sobre el Quito y movió la guerra a los padres de los que agora llaman Huambracunas[120] y descubrió a la parte del Sur hasta el río de Angasmayu.

Capítulo LXVI. De cómo saliendo Guayna Cápac de Quito, envió delante ciertos capitanes suyos, los cuales volvieron huyendo de los enemigos, y lo que sobre ello hizo

Estando en Quito Guayna Cápac con todos los capitanes y soldados viejos que con él estaban, cuentan por muy averiguado que mandó que saliesen de sus capitanes con gente de guerra a sojuzgar ciertas naciones que no habían querido jamás tener su amistad; los cuales, como ya supiesen su estada en el Quito, recelándose dello se habían apercibido y buscado favores de sus vecinos y parientes para resistir a quien a buscarlos viniese; y tenían hechos fuertes y albarradas y muchas armas de las que ellos usan; y, como salieron, Guayna Cápac fue tras ellos para revolver a otra tierra que confinaba con ella, que toda debía de ser la marca de lo que llamamos Quito; y como sus capitanes y gentes salieron a donde iban encaminados, teniendo en poco a los que iban a buscar, creyendo que con facilidad serían señores de sus campos y haciendas, se daban prisa [a] andar; más de otra suerte les avino de lo que pensaban; porque al camino les salieron con grande vocería y alarido y dieron de tropel en ellos con tal denuedo que mataron y cautivaron muchos dellos y así los trataron que los desbarataron de todo punto y les constriñeron [a] volver las espaldas y a toda furia dieron la vuelta

---

120 *Guamabaconas*, en n. orig.

huyendo y los enemigos vencedores tras ellos, matando y prendiendo todos los que podían.

Algunos de los más sueltos anduvieron mucho en gran manera hasta que toparon con el Inca, a quien solamente dieron cuenta de la desgracia sucedida, que no poco le fatigó, y, mirándolo discretamente, hizo un hecho de gran varón, que fue mandar a los que se habían venido que callasen y a ninguna persona cantasen lo que ya él sabía, antes volviesen al camino y avisasen a todos los que venían desbaratados que hiciesen en el primero cerro que topasen, cuando a él viesen, un escuadrón, sin temor de morir el que la suerte les cayere; porque él, con gente de refresco, daría en los enemigos y los vengaría; y con esto se volvieron. Y no mostró turbación, porque consideró que si en el lugar quél estaba sabían la nueva todos se juntarían y darían en él y se vería en mayor aprieto; y con disimulación les dijo que se aparejasen, que quería ir a dar en cierta gente que verían cuando a ella llegasen. Y dejando las andas adelante de todos salió y como día y medio. Y los que venían huyendo, que era muchos, [como] vieron la gente que venía que era suya, a mal de su grado pararon en una ladera y los enemigos que los venían siguiendo comenzaron de dar en ellos y mataron muchos; mas Guayna Cápac por tres partes dio en ellos, que no poco se turbaron de verse cercados y de los que ya ellos tenían [por] vencidos. Aunque procuraron de se juntar y pelear, tal mano les dieron que los campos se henchían de los muertos y, queriendo huir, les tenía tomado el paso; y mataron tantos que pocos escaparon vivos, sino fueron los cautivos, que fueron muchos; y por donde venían estaba todo alterado, creyendo que al mismo Inca habían de matar y desbaratar los que ya por él eran muertos y presos. Y como se supo el fin dello asentaron el pie llano, mostrando todos gran placer.

Guayna Cápac recobró los suyos que eran vivos, y a los que eran muertos mandó hacer sepulturas y sus honras, conforme a su gentilidad, porque ellos todos conocen que hay en las ánimas inmortalidad; y también se hicieron en donde esta batalla se dio bultos de piedra y padrones para memoria de lo que se había hecho; y Guayna Cápac envió aviso de todo esto hasta el Cuzco y se reformó su gente y fue adelante de Caranque.

Y los de Otavalo, Cayanbi, Cochasqui, Pifo,[121] con otros pueblos, habían hecho liga todos juntos y con otros muchos, de no dejarse sojuzgar del Inca, sino antes morir que perder su libertad y que en sus tierras se hiciesen casas fuertes, ni ellos ser obligados de tributar con sus presentes [e] ir al Cuzco, tierra tan lejos como habían oído. Y hablado entre ellos esto, y tenido sus consideraciones, aguardaron a el Inca, que sabían que venía a les dar guerra; el cual con los suyos anduvo hasta la comarca destos, donde mandó hacer sus albarradas y cercas fuertes, que llaman pucaraes, donde mandó meter su gente y servicio. Envió mensajeros a aquellas gentes con grandes presentes, rogándoles que no le diesen guerra, porque él no quería sino paz con condiciones honestas y que en él siempre hallarían favor, como su padre, y que no quería tomalles nada, sino dalles de lo que traía. Mas estas palabras tan blandas aprovecharon poco, porque la respuesta que le dieron fue, que luego de su tierra saliese, donde no que por fuerza le echaban della; y así en escuadrones vinieron para el Inca, que muy enojado había puesto su gente en campaña; y dieron los enemigos en él de tal manera que, se afirma, si no fuera por la fortaleza que para se guarecer se había hecho, lo llevaran y de todo punto lo rompieran; mas, conociendo el daño que recibía, se retiró lo mejor que pudo al pucará, donde todos se metieron los que en el campo no quedaron muertos o en poder de los enemigos presos.

Capítulo LXVII. Cómo, juntando todo el poder de Guayna Cápac, dio batalla a los enemigos y los venció y de la gran crueldad que usó con ellos

Como aquellas gentes vieron cómo habían bastado a encerrar al Inca en su fuerza, y que habían muerto a muchos de los orejones del Cuzco, muy alegres hacían muy gran ruido con sus propias voces, tanto que ellos mismos no se oían; y traídos atabales cantaban y bebían enviando mensajeros por toda la tierra, publicando que tenían al Inca cercado con todos los suyos; y muchos lo creyeron y se alegraron y aún vinieron a favorecer a sus amigos.

Guayna Cápac tenía en su fuerte bastimentos y había enviado llamar a los gobernadores de Quito con parte de la gente que a su cargo tenían y

---

121 *Cayanla, Coches, Quiya, Pipo*, en n. orig.

estaba con mucha saña, porque los enemigos no querían dejar las armas; a los cuales muchas veces intentó, con embajadas que les envió y dones y presentes, atraerlos a sí; mas era en vano pensar tal cosa. El Inca engrosó su ejercito y los enemigos hecho lo mismo, los cuales determinadamente acordaron de dar en el Inca y desbaratarlo o morir sobre el caso en el campo; y así lo pusieron por obra y rompieron dos cercas de la fortaleza, que a no haber otras que iban rodeando un cerro sin duda por ellos quedara la victoria; mas, como su usanza es hacer un cercado con dos puertas y más alto otro tanto y así hacer en un cerro siete u ocho fuerzas, para si la una perdieren subirse a la otra, el Inca con su gente se guareció en la más fuerte del cerro, donde, al cabo de algunos días, salió y dio en los enemigos con gran coraje.

Y afirman que, llegados sus capitanes y gente, les hizo la guerra, la cual fue cruel y estuvo la victoria dudosa; mas, al fin, los del Cuzco se dieron tal maña que mataron gran número de los enemigos y los que quedaron fueron huyendo. Y tan enojado estaba dellos el rey tirano que de enojo, porque se pusieron en arma, porque querían defender su tierra sin reconocer sujeción, mandó a todos los suyos que buscasen todos los más que pudiesen ser habidos; y con gran diligencia los buscaron y prendieron a todos, que pocos se pudieron dellos descabullir; y junto a una laguna que allí estaba, en su presencia mandó que los degollasen y echasen dentro; y tanta fue la sangre de los muchos que mataron que el agua perdió su color y no [se] vía otra cosa que espesura de sangre. Hecha esta crueldad y gran maldad mandó Guayna Cápac parecer delante de sí a los hijos de los muertos y, mirándoles, dijo: Campa mana, pucula tucuy huambracuna.[122] Que quiere decir: «Vosotros no me haréis guerra, porque sois todos muchachos agora». Y desde entonces se les quedó por nombre hasta hoy a esta gente los guambracunas,[123] y fueron muy valientes; y a la laguna le quedó por nombre el que hoy tiene, que es Yaguarcocha, que quiere decir «lago de

---

122 En n. orig. *Cambamana pucula tucuy guamaracona*. No adivino lo que debió escribir el copiante en vez de pucula; sino es que esté por puccuna, que venga de puccuni, medrar, madurar, hacerse grande; en cuyo caso Cieza traduce mal, y lo que Guayna Capac quiso decir, es: «Vosotros, o vuestra nacion, ya no es grande (o fuerte o viril), todos sois muchachos.»

123 *Guamaracones* en n. orig.

sangre». Y en los pueblos destos Guambracunas se pusieron mitimaes y gobernadores como en las más partes.

Y después de se haber reformado el campo el Inca pasó adelante hacia la parte del Sur, con gran reputación por la victoria pasada, y anduvo descubriendo hasta el río de Angasmayo, que fueron los límites de su imperio. Y supo de los naturales como adelante había muchas gentes y que todos andaban desnudos sin ninguna vergüenza y que todos comían carne humana, todos en general, y hacían algunas fuerzas en la comarca de los Pastos; y mandó a los principales que le tributasen y dijeron que no tenían que le dar y, por los componer, mandó que cada casa de la tierra fuese obligada a le dar tributo, cada tantas lunas, de un canuto de piojos algo grande. Al principio riéronse del mandamiento; mas, después, por muchos quellos tenían no podían henchir tantos canutos. Criaron con el ganado que el Inca les mandó dejar y tributaban de lo que se multiplicaba y de la comida y raíces que hay en sus tierras. Y por algunas causas que para ello tuvo Guayna Cápac volvió al Quito y mandó que en Caranqui estuviese templo del Sol y guarnición de gente con mitimaes y capitán general con su gobernador, para frontera de aquellas tierras y para guarda dellas.

Capítulo LXVIII. De cómo el rey Guayna Cápac volvió a Quito, y de cómo supo de los españoles que andaban por la costa, y de su muerte

En este mismo año andaba Francisco Pizarro con trece cristianos por esta costa[124] y había dellos ido al Quito aviso a Guayna Cápac, a quien contaron el traje que traían y la manera del navío y cómo eran barbados y blancos y hablaban poco y no eran tan amigos de beber como ellos y otras cosas de las que ellos pudieron saber. Y, codicioso de ver tal gente, dicen que mandó con brevedad le trajesen uno de dos que decían haber quedado de aquellos hombres, porque los demás eran ya vueltos con su capitán a la Gorgona,

---

124 El de 1526. Los trece, llamados de la fama, cuyos nombres todavía no he visto escritos con propiedad en ninguno de los historiadores de Indias antiguos y modernos, eran: Bartolomé Ruiz, el piloto, Cristóbal de Peralta, Pedro de Candía, Domingo de Soraluce, Nicolás de Ribera, Francisco de Cuéllar, Alonso de Molina, Pedro Alcón, García de Jaren, Antón de Carrión, Alonso Briceño, Martin de Paz y Juan de la Torre.

donde habían dejado ciertos españoles con los indios e indias que tenían, como en su lugar contaremos.[125] Y dicen unos destos indios que después de idos, a estos dos, que los mataron, de que recibió mucho enojo Guayna Cápac. Otros cuentan que sonó que los traían y, como supieron en el camino su muerte[126] los mataron. Sin esto, dicen otros que ellos se murieron. Lo que tenemos por más cierto es que los mataron los indios dende a poco que ellos en su tierra quedaron.[127]

Pues, estando Guayna Cápac en el Quito con grandes campañas de gentes que tenía y los demás señores de su tierra; viéndose tan poderoso, pues mandaba desde el río de Angasmayo al de Maule, que hay más de 1.200 leguas, y estando tan crecido en riquezas, que afirman que había hecho traer a Quito más de quinientas cargas de oro y más de mil de plata y mucha pedrería y ropa fina, siendo temido de todos los suyos, porque no se le osaban desmandar, cuando luego hacía justicia; cuentan que vino una gran pestilencia de viruelas tan contagiosa que murieron más de doscientas mil ánimas en todas las comarcas, porque fue general; y dándole a él el mal, no fue parte todo lo dicho para librarlos de la muerte, porquel gran Dios no era dello servido. Y como se sintió tocado de la enfermedad, mandó se hiciesen grandes sacrificios por su salud en toda la tierra y por todas las guacas y templos del Sol; mas yéndole agraviando llamó a sus capitanes y parientes y les habló algunas cosas, entre las cuales les dijo, a lo que algunos dellos dicen, que él sabía que la gente que habían visto en el navío volvería con potencia grande y que ganaría la tierra. Esto podría ser fábula, y, si lo dijo, que fuese por boca del Demonio, como quien sabía que los españoles iban para procurar de volver a señorear. Dicen otros destos mismos que, conociendo la gran tierra que había en los Quillacingas[128] y Popayaneses y que era mucho mandarlo uno, y que dijo que desde Quito para aquellas partes fuese de Atahuallpa, su hijo, a quien quería mucho, porque había andado con él siempre en la guerra; y que lo demás mandó que señorease y gobernase Guascar, único heredero

---

125 En la Tercera parte de su *Crónica del Perú*, aún inédita.
126 De Huayna Capac.
127 Sobre estos sucesos léase a Herrera (Déc. III, lib. X, cap. III a VI; y Déc. IV, lib. II, cap. VII y VIII), que es leer al mismo Cieza, pues de él *tomó* todo lo que allí dice.
128 *Quilcangas*, en n. orig.

del imperio. Otros indios dicen que no dividió el reino, antes dicen que dijo a los que estaban presentes que bien sabían cómo se habían holgado que fuese Señor, después de sus días, su hijo Guascar, y de Chincha[129] Ocllo, su hermana, con quien todos los del Cuzco mostraban contento; y puesto que si él tenía otros hijos de gran valor, entre los cuales estaban Nanque Yupanqui, Tupac Inca, Guanca Auqui, Tupac Gualpa, Titu,[130] Guama Gualpa Manco Inca, Guascar, Cusi Hualpa,[131] Paullu Tupac,[132] Yupanqui, Conono, Atahuallpa, quiso no dalles nada de lo mucho que dejaba, sino que todo lo heredase dél, como él lo heredó de su padre, y confiaba mucho guardaría su palabra y que cumpliría lo que su corazón quería, aunque era muchacho; y que les rogó lo amasen y mirasen como era justo, y que hasta que tuviese edad perfecta y gobernase fuese su ayo *Colla Tupac*[133] su tío. Y como esto hubo dicho, murió.

Y luego que fue muerto Guayna Cápac fueron tan grandes los lloros que ponían los alaridos que daban en las nubes y hacían caer las aves aturdidas de lo muy alto hasta el suelo. Y por todas partes se divulgó la nueva y no había parte ninguna donde no se hiciese sentimiento notable. En Quito lo lloraron, a lo que dicen, diez días arreo; y dende allí lo llevaron a los Cañares, donde le lloraron una Luna entera, y fueron acompañando el cuerpo muchos señores principales hasta el Cuzco, saliendo por los caminos los hombres y mujeres llorando y dando aullidos. En el Cuzco se hicieron más lloros y fueron hechos sacrificios en los templos y aderezaron de le enterrar conforme a su costumbre, creyendo que su ánima estaba en el cielo. Mataron, para meter con él en su sepultura y en otras, más de cuatro mil ánimas, entre mujeres y pajes y otros criados, tesoros, pedrería y fina ropa. De creer es que sería suma grande la que pornían con él. No dicen en dónde ni cómo está enterrado, más de que concuerdan que su sepultura se hizo en el Cuzco. Algunos indios me dijeron a mí que lo enterraron en el

---

129 Debe de ser *Chimpu* y todo el nombre Ciui Chimpu Runtu, segunda mujer legítima de Huaina Capac. Sin embargo, segun el parecer de la mayoría de los autores, el nombre de la madre de Huascar o Inti Tupac Cusi Huallpa, es Rahua Ocllo.

130 *Topagual*, Patito; en n. orig.

131 *Cuxequepa*, en n. orig.

132 *Paulotilca*, en n. orig.

133 O *Cayu Tupac*? Cabello Balboa le llama tambien *Colla Tupa*.

río de Angasmayo, sacándolo de su natural para hacer la sepultura; mas no lo creo, y lo que dicen de que se enterró en el Cuzco, sí.[134]

De las cosas deste rey dicen tanto los indios que no es nada lo que yo escribo ni cuento; y cierto, creo que dél y de sus padres y abuelos se dejan tantas cosas de escribir, por no las alcanzar por entero, que fuera otro comprendió mayor que el que se ha hecho.

Capítulo LXIX. Del linaje y condiciones de Guascar y de Atahuallpa

Estaba el imperio de los Incas tan pacífico cuando Guayna Cápac murió, que no se halla que en tierra tan grande hubiese quien osase alzar la cabeza para mover guerra ni dejar de obedecer, así por el temor que tenían a Guayna Cápac como porque los mitimaes eran puestos de su mano y estaba la fuerza en ellos. Y así como muerto Alexandre en Babilonia muchos de sus criados y capitanes allegaron a colocarse por reyes y mandar grandes tierras, así, muerto Guayna Cápac, como luego hubo, entre los dos hermanos hijos suyos guerras y diferencias y tras ellas entraron los españoles, muchos de estos mitimaes se quedaron por señores, porque siendo en las guerras y debates muertos los naturales pudieron ellos granjear la gracia de los pueblos para que en su lugar los recibiesen de los pueblos.

Bien tenía que decir en contar menudamente las condiciones destos tan poderosos Señores, mas no saldré de mi brevedad por las causas tan justas que otras veces he dicho tener. Guascar era hijo de Guayna Cápac y Atahuallpa también. Guascar de menos días; Atahuallpa de más años. Guascar hijo de la Coya, hermana de su padre, señora principal; Atahuallpa hijo de una india Quilaco, llamada Tupac Palla.[135] El uno y el otro nacieron en el Cuzco y no en Quito, como algunos han dicho y aún escrito para esto, sin lo haber entendido como ello es razón. Lo muestra, porque Guayna Cápac estaba en la conquista de Quito y por aquellas tierras aún no doce años y era Atahuallpa, cuando murió [de] más de treinta años; y señora de Quito,

---

134 Y creía bien. Por el año de 1571 averiguó el virrey don Francisco de Toledo, mediante información, que Huayna Capac fue enterrado en la capital de su imperio en donde Polo de Ondegardo halló su momia con otros muchos de la estirpe inqueña. (V. *Tres relaciones de antigüedades peruanas.*—Carta dedicatoria.)

135 *Topapalla*, en n. orig. Segun otros autores *Tocto Ocllo Cuca.*

para decir lo que ya cuentan que era su madre, no había ninguna porque los mismos Incas eran reyes y señores del Quito;[136] y Guascar nació en el Cuzco y Atahuallpa era de cuatro o cinco años de más edad que no él. Y esto es lo cierto y lo que yo creo. Guascar era querido en el Cuzco y en todo el reino por los naturales, por ser el heredero de derecho; Atahuallpa era bien quisto de los capitanes viejos de su padre y de los soldados porque anduvo en la guerra en su niñez y porque él en vida le mostró tanto amor que no le dejaba comer otra cosa que lo que él le daba de su plato. Guascar era clemente y piadoso; Atahuallpa cruel y vengativo; entrambos eran liberales y el Atahuallpa hombre de más ánimo y esfuerzo y Guascar de más presunción y valor. El uno pretendió ser único Señor y mandar sin tener igualdad; el otro se determinó de reinar, y por ello quebrantar las leyes que sobre ello a su usanza estaban establecidas por los Incas, que era que no podía ser rey sino hijo mayor del Señor y de su hermana, aunque otros de más edad hubiesen habido en otras mujeres y mancebas. Guascar [era] deseoso de tener consigo el ejército de su padre; Atahuallpa se congojó porque no estaba cerca del Cuzco, para en la misma ciudad hacer el ayuno y salir con la borla para por todos ser recibido por rey.

Capítulo LXX. De cómo Guascar fue alzado por rey en el Cuzco, después de muerto su padre

Como fuese muerto Guayna Cápac y por él hechos los lloros y sentimiento dicho, aunque había en el Cuzco más de cuarenta hijos suyos ninguno intentó salir de la obediencia de Guascar, a quien sabían pertenecía el reino; y aunque se entendió lo que Guayna Cápac mandó, que su tío gobernase, no faltó quien aconsejó a Guascar saliese con la borla en público y mandase por todo el reino como rey. Y como para las honras de Guayna Cápac habían venido al Cuzco los más de los señores naturales de las provincias, pudo ser la fiesta de su coronación grande y de presto entendida y sabida y así lo determinó de hacer. Dejando el gobierno de la misma ciudad a quien por su padre lo tenía, se entró a hacer el ayuno con la observancia que su

---

136 Alude a López de Gomara y en especial al capítulo de su Historia titulado Linaje de Ataba liba. El P. Velasco, que en su *Historia de Quito* siguió y amplificó la opinión de Gomara, dice que la reina de Quito se llamaba *Scyri Paccha*.

costumbre requería. Salió con la borla muy galano e hiciéronse grandes fiestas y pusiéronse en la plaza la maroma de oro con los bultos de los Incas y, conforme a la costumbre dellos, gastaron algunos días en beber y en sus arcitos; y acabados, fueles nueva a todas las provincias y mandado del nuevo rey de lo que habían de hacer, enviando a Quito ciertos orejones y que trajesen las mujeres de su padre y su servicio.

Fue entendido por Atahuallpa cómo Guascar había salido con la borla y cómo quería que todos le diesen la obediencia; y no se habían partido de Quito ni de sus comarcas los capitanes generales de Guayna Cápac y había entre todos pláticas secretas sobre que era bien procurar, por las vías a ellos posibles, quedarse con aquellas tierras de Quito sin ir al Cuzco al llamamiento de Guascar, pues era aquella tierra tan buena y a donde todos se hallaban tan bien como en el Cuzco. Algunos había entre ellos que les pesaba y decían que no era lícito dejar de reconocer el gran Inca, pues era Señor de todos. Mas Illa Tupac[137] no fue leal a Guascar, así como Guayna Cápac se lo rogó y él se lo prometió, porque dicen que andaba en tratos y secretas pláticas con Atahuallpa, que entre los hijos de Guayna Cápac mostró más ánimo y valor, causado por su atrevimiento y aparejo que halló o con lo que su padre mandó, si fue verdad, que gobernase lo de Quito y sus comarcas. Este habló a los capitanes Calicuchima[138] y Aclagualpa,[139] Rumiñahui,[140] el Quizquiz, Zopozopanqui[141] y otros muchos sobre quisiesen favorecerle y ayudarle para que él fuese Inca de aquellas partes como su hermano lo era del Cuzco; y ellos y el Illa Tupac,[142] traidor a su señor natural Guascar, pues que habiéndole dejado por gobernador hasta quél tuviese edad cumplida le negó y se ofreció de favorecer a Atahuallpa, que ya por todo el real era tenido por Señor y le fueron entregadas las mujeres de su padre, a quien él recibió como suyas, que era autoridad mucha entre estas

---

137 Antes le llama *Colla Tupac*. Yo sospecho que es el mismo *Cayu Tupac* de quien Cieza se informaba en el Cuzco sobre el asunto de este tratado.
138 *Calicuchema*, en n. orig.
139 Es la primera vez que veo escrito este nombre. ¿Será *Acllahuallpa*?
140 *Uriminavi*, en n. orig.
141 *Sepocopagua*, en n. orig.
142 Ahora le nombra *Allitopa*. [Alli Tupac.]

gentes; y el servicio de su casa y lo demás que tenía le fue dado para que por su mano le fuese ordenado todo a su voluntad.

Cuentan algunos que algunos de los hijos de Guayna Cápac, hermanos de Guascar y Atahuallpa, con otros orejones, se fueron huyendo al Cuzco y dieron dello aviso a Guascar; y así él como los orejones ancianos del Cuzco sintieron lo que había hecho Atahuallpa, reprobándolo por caso feo y que había ido contra sus dioses y contra el mandamiento y ordenanza de los reyes pasados. Decían que no habían de sufrir ni consentir que el bastardo tuviese nombre de Inca, antes le habían de castigar por lo por él inventado, por el favor que tuvo de los capitanes y gente del ejército de su padre; y así, Guascar mandó que se apercibiesen en todas partes y se hiciesen armas y los depósitos se proveyesen con las cosas necesarias, porque él había de hacer guerra a los traidores si juntos todos no le reconociesen por Señor. Y a los Cañares envió embajadores, esforzándoles en su amistad, y al mismo Atahuallpa dicen que envió un orejón a que le amonestase que no intentase de llevar adelante su opinión, pues era tan mala, y a que hablase a *Colla Tupac*,[143] su tío para que le aconsejase se viniese para él. Y hechas estas cosas nombró por su capitán general a uno de los principales del Cuzco, llamado Atoco.[144]

Capítulo LXXI. De cómo se comenzaron las diferencias entre Guascar y Atahuallpa y se dieron entre unos y otros grandes batallas

Entendido era por todo el reino del Perú cómo Guascar era Inca y como tal mandaba y tenía guarda y despachaba orejones a las cabeceras de las provincias a proveer lo que convenía. Era de tan buen seso y tenía en tanto a los suyos que fue, lo que reinó, querido en extremo dellos; y sería cuando comenzó a reinar, a lo que los indios dicen, de veinticinco años poco más o menos. Y habiendo nombrado por su capitán general a Atoco le mandó que tomando la gente que le pareciese de los lugares por donde pasase, mitimaes y naturales, fuese a Quito a castigar el alboroto que había con lo que su hermano intentaba y tuviese aquella tierra por él.

---

143 *Collapopa* le llama ahora.

144 *Atoc* en otros autores.

Y estos indios cuentan las cosas de muchas maneras. Yo siempre sigo la mayor opinión y la que dan los más viejos y avisados dellos y que son señores por que los indios comunes, en todo lo que saben no se ha de tener, porque ellos lo afirmen, por verdad. Y así, unos dicen que Atahuallpa, como hubo determinádose a no solamente no querer dar la obediencia a su hermano, que ya era rey, mas aun pretendió haber el señorío para sí por la forma que pudiese, tenido como ya tenía de su parte a los capitanes y soldados de su padre, vino a los Cañares, a donde habló con los señores naturales y con los mitimaes colorando con razones que inventó, su deseo no era de hacer daño a su hermano por querer solamente el provecho para sí, sino para tenellos a todos por amigos y hermanos y hacer otro Cuzco en el Quito, donde todos se holgasen; y pues él tenía tan buen corazón, que para cerciorarse que ellos le tenían para con él diesen lugar que en Tomebamba fuesen hechos para él aposentos y tambos, para que como Inca y Señor pudiese holgar con sus mujeres en ellos, como hizo su padre y su abuelo; y que dijo otras palabras sobre esta materia que no fueron oídas tan alegremente como él pensó; porque el mensajero de Guascar era llegado y había hablado a los Cañares y mitimaes cómo Guascar les pedía la fe de amigos, sin que quisiesen negar su fortuna, y que para ello imploraba el favor del Sol y de sus dioses; que no consintiesen que los Cañares fuesen consentidores de tan mala hazaña como su hermano intentaba; y que lloraron con deseo de ver a Guascar y alzando todos sus manos que le guardarían lealtad prometieron.

Y teniendo esta voluntad Atahuallpa no pudo con ellos acabar nada; antes afirman que los Cañares con el capitán y mitimaes lo prendieron, con intento de lo presentar a Guascar; mas, poniéndolo en un aposento del tambo, se soltó y fue a Quito, donde hizo entender haberse vuelto culebra por voluntad de Dios, para salir de poder de sus enemigos; por tanto, que todos se aparejasen para comenzar la guerra pública y al descubierto, porque así convenía. Otros indios afirman por muy cierto que el capitán Atoco con su gente allegó a los Cañares, donde estaba Atahuallpa, y que él fue el que lo prendió y se soltó como está dicho. Creo yo para mí, aunque podría ser otra cosa, que Atoco se halló en la prisión de Atahuallpa y, muy sentido porque así se había descabullido, sacando la más gente que pudo de los

Cañares, se partió para Quito, enviando por todas partes a esforzar los gobernadores y mitimaes en la amistad de Guascar. Tiénese por averiguado que Atahuallpa se soltó haciendo con una coa,[145] que es palanca, que una mujer Quella le dio, un agujero, estando los que estaban en el tambo calientes de lo que habían bebido, y pudo, dándose prisa, allegar al Quito como está dicho, sin ser alcanzado de los enemigos que mucho quisieran tornarlo haber a las manos.

Capítulo LXXII. De cómo Atahuallpa salió del Quito con su gente y capitanes y de cómo dio batalla a Atoco en los pueblos de Ambato

Como las postas que estaban en los caminos reales fuesen tantas, no pasaba cosa en parte del reino que fuese oculta, antes era pública por todo el lugar; y como se entendió Atahuallpa haberse escapado por tal ventura y estar en Quito allegando la gente, luego se conoció que la guerra sería cierta; y así, hubo división y parcialidades y novedades grandes y pensamientos enderezados a mal fin. Guascar, en lo de arriba, no tuvo quien no le obedeciese y desease que saliese del negocio con honra y autoridad. Atahuallpa tuvo de su parte los capitanes y gente del ejército y muchos señores naturales y mitimaes de las provincias y tierras de aquella comarca; y cuentan que luego en Quito con celeridad mandó salir la gente, jurando, como ellos juran, que en los Cañares había de hacer castigo grande por el afrenta que allí recibió. Y como supiese venir Atoco con su gente, que pasaría, a lo que dicen, de cuarenta guarangas, que eran millares de hombres, se dio prisa a encontrar con él.

Atoco venía marchando porque Atahuallpa no tuviese lugar de hacer llamamiento de gente en las provincias; y, como supo que venía a punto de guerra, habló con los suyos, rogándoles que se acordasen de la honra del Inca Guascar y que se diesen maña a castigar la desvergüenza con que Atahuallpa venía, y por justificar su causa envióle, según dicen, ciertos indios por mensajeros, amonestándole que se contentase con lo que había hecho y no diese lugar a que el reino se encendiese en guerra, y se conformase con el Inca Guascar, que sería lo más acertado. Y aunque eran prin-

---

145 No acierto con la ortografía de esta palabra.

cipales orejones estos mensajeros, cuentan que se rió del dicho que Atoco les enviaba a decir y que, haciendo grandes fieros y amenazas, los mandó matar y prosiguió su camino en ricas andas que le llevaban a hombros de los principales y más privados suyos.

Cuentan que encomendó la guerra a su capitán general Calicuchima y a otros dos capitanes, llamados el Quizquiz y el otro Ucumari; y, como Atoco no parase con la gente, pudieron encontrarse cerca del pueblo llamado Ambato, a donde a la usanza del pueblo, comenzaron la batalla y la riñeron entre ellos bien; y habiendo tomado un collado Calicuchima salió a tiempo convenible con cinco mil hombres holgados y dando en los que estaban cansados, los apretaron tanto, que después de muertos los más dellos volvieron, los que no [lo] eran, las espaldas con gran espanto, y el alcance se siguió y fueron muchos los presos y el Atoco entre ellos. Lo cual, cuentan los que desto me informaron, que lo ataron a un palo, donde con gran crueldad ocultamente lo mataron y que del caso de su cabeza hizo un vaso Calicuchima, para beber, engastonado en oro. La opinión mayor y que debe ser más cierta, a mi juicio de los que murieron en esta batalla de ambas partes, fueron quince o diez y seis mil indios; y los que se prendieron fueron los más dellos muertos sin piedad ninguna, por mandado de Atahuallpa. —Yo he pasado por este pueblo y he visto el lugar donde dicen que esta batalla se dio; y, cierto, según hay la osamenta, debieron aún de morir más gente de la que cuentan.

Con esta victoria quedó Atahuallpa muy estimado, y fue la nueva divulgada por todo el reino y llamáronle, los que seguían su opinión, Inca y dijo que había de tomar la borla en Tomebamba, aunque, no siendo en el Cuzco, teníase por cosa fabulosa y sin fuerza. De los heridos mandó curar; y mandaba como rey y así era servido; y caminó para Tomebamba.

Capítulo LXXIII. De cómo Guascar envió de nuevo capitanes y gente contra su enemigo y de cómo Atahuallpa llegó a Tomebamba y la gran crueldad que allí usó; y lo que pasó entre él y los capitanes de Guascar

Pocos días se tardaron después que en el pueblo de Ambato el capitán Atoco fue vencido y desbaratado, cuando no solamente en el Cuzco se supo la nueva, mas en toda la tierra se extendió y recibió Guascar grande espanto y temió más el negocio que hasta allí. Mas, sus consejeros le amonestaron que no desamparase al Cuzco sino que enviase de nuevo gentes y capitanes. Y fueron hechos grandes lloros por los muertos y en los templos y oráculos hicieron sacrificios conforme a lo que ellos usan; y envió a llamar Guascar muchos señores de los naturales del Collao, de los Canches, Cañas, Charcas, Carangas y a los de Condesuyo y muchos de los de Chinchasuyo; y como estuviesen juntos, les habló lo que su hermano hacía y les pidió en todo le quisiesen ser buenos amigos y compañeros. Respondieron a su gusto los que se hallaron a la plática, porque guardaban mucho la religión y costumbre de no recibir por Inca sino aquel que en el Cuzco tomase la borla, la cual había días Guascar tenía, y sabía el reino le venía derechamente. Y porque convenía con brevedad proveer en la guerra que tenía, nombró por capitán general a Guanca Auqui hermano suyo, según dicen algunos orejones, porque otros quieren decir ser hijo de Ilaquito. Con éste envió por capitanes otros principales de su nación que habían por nombre Ahuapanti,[146] Urco Guaranca e Inca Roca. Estos salieron del Cuzco con la gente que se pudo juntar, yendo con ellos muchos señores de los naturales; y de los mitimaes, por donde quiera que pasaba Guanca Auqui, sacaba la gente que quería con lo más que es necesario para la guerra; y caminó a más andar en busca de Atahuallpa, que, como hubiese muerto y vencido a Atoco, como de suso es dicho, siguió su camino enderezado a Tomebamba, yendo con él sus capitanes y muchos principales que habían venido a ganalle la voluntad, viendo que iba vencedor. Los Cañares estaban temerosos de Atahuallpa, porque habían tenido en poco lo que les mandó y habían sido en la prisión suya; recelaban no quisiese hacelles algún daño, porque lo conocían que era vengativo y muy sanguinario; y como llegase cerca de los aposentos principales, cuentan muchos indios a quien yo lo oí que, por amansar su ira, mandaron a un escuadrón grande de niños y a otro de hombres de toda edad que saliesen hasta las ricas andas, donde venía con gran pompa, llevando en las manos ramos verdes y hojas de palma, y que le pidiesen la gracia y amistad suya para el pueblo, sin mirar injuria pasada; y que con tantos clamores se lo suplicaron y con tanta humildad, que bastara a que-

---

146   Así interpreto, no sé si acertadamente, el Abante de n. orig.

brantar corazones de piedra. Mas, poca impresión hicieron en el cruel de Atahuallpa, porque dicen que mandó a sus capitanes y gente que matasen a todos aquellos que habían venido, lo cual fue hecho no perdonando si no era algunos niños y a las mujeres sagradas del templo, que por honra del Sol, su dios, guardaron sin derramar sangre dellas ninguna.

Y, pasado esto, mandó matar algunos particulares en la provincia y puso en ella capitán y mayordomo de su mano y, juntos los ricos de la comarca, tomó la borla y llamóse Inca en Tomebamba, aunque no tenía fuerza como se ha dicho, por no ser en el Cuzco; mas, él tenía su derecho en las armas, lo cual tenía por buena ley. También digo que he oído [a] algunos indios honrados, que Atahuallpa tomó la borla en Tomebanba antes que le prendiesen ni Atoco saliese del Cuzco, y que Guascar lo supo y proveyó luego. Paréceme que lo que se ha escrito lleva más camino.

Guanca Auqui dábase mucha prisa [a] andar, y quisiera llegar a los Cañares antes que Atahuallpa pudiera hacer el daño que hizo. Y alguna de la gente que escapó de la batalla que se dio en Ambato se habían juntado con él. Afirman todos que traería más de ochenta mil hombres de guerra y Atahuallpa llevaría pocos menos de Tomebamba, a donde luego salió, afirmando que no había de parar hasta el Cuzco. Mas, en la provincia de los Paltas, cerca de Cajabamba, se encontraron unos con otros; y después de haber esforzado y hablado cada capitán a su gente se dieron batalla, en la cual afirman que Atahuallpa no se halló, antes se puso en un cerrillo a la ver; y siendo Dios dello servido, no embargante que en la gente de Guascar había muchos orejones y capitanes que para ellos entendían bien la guerra y que Guanca Auqui hizo el deber como leal y buen servidor a su rey, Atahuallpa quedó vencedor con muerte de muchos contrarios, tanto que afirman que murieron entre unos y otros más de treinta y cinco mil hombres y heridos quedaron muchos.

Los enemigos siguieron el alcance, matando y cautivando y robando los reales; y Atahuallpa estaba tan alegre que él decía que sus dioses peleaban por él. Y porque ya los españoles habían entrado en este reino había algunos días y Atahuallpa lo supo, fue causa que él en persona no fuese al Cuzco.

No daremos conclusión a estas guerras y batallas que se dieron entre estos indios, porque no fueron con orden. Y, por llevarla, se quedará hasta su lugar.

Hasta aquí es lo que se me ha ofrecido escribir de los Incas, lo cual hice todo por relación que tomé en el Cuzco. Si acertase alguno a lo hacer más largo y cierto, el camino tiene abierto, como yo no lo tuve para hacer lo que no pude, aunque para lo hecho trabajé lo que Dios sabe; que vive y reina para siempre jamás. Que fue visto lo más de lo escrito por el doctor Bravo de Saravia y el licenciado Hernando de Santillán, oidores de la Audiencia real de Los Reyes.

Libros a la carta

A la carta es un servicio especializado para

empresas,

librerías,

bibliotecas,

editoriales

y centros de enseñanza;

y permite confeccionar libros que, por su formato y concepción, sirven a los propósitos más específicos de estas instituciones.

Las empresas nos encargan ediciones personalizadas para marketing editorial o para regalos institucionales. Y los interesados solicitan, a título personal, ediciones antiguas, o no disponibles en el mercado; y las acompañan con notas y comentarios críticos.

Las ediciones tienen como apoyo un libro de estilo con todo tipo de referencias sobre los criterios de tratamiento tipográfico aplicados a nuestros libros que puede ser consultado en Linkgua-ediciones.com .

Linkgua edita por encargo diferentes versiones de una misma obra con distintos tratamientos ortotipográficos (actualizaciones de carácter divulgativo de un clásico, o versiones estrictamente fieles a la edición original de referencia).

Este servicio de ediciones a la carta le permitirá, si usted se dedica a la enseñanza, tener una forma de hacer pública su interpretación de un texto y, sobre una versión digitalizada «base», usted podrá introducir interpretaciones del texto fuente. Es un tópico que los profesores denuncien en clase los desmanes de una edición, o vayan comentando errores de interpretación de un texto y esta es una solución útil a esa necesidad del mundo académico.

Asimismo publicamos de manera sistemática, en un mismo catálogo, tesis doctorales y actas de congresos académicos, que son distribuidas a través de nuestra Web.

El servicio de «Libros a la carta» funciona de dos formas.

1. Tenemos un fondo de libros digitalizados que usted puede personalizar en tiradas de al menos cinco ejemplares. Estas personalizaciones pueden ser de todo tipo: añadir notas de clase para uso de un grupo de

estudiantes, introducir logos corporativos para uso con fines de marketing empresarial, etc. etc.

2. Buscamos libros descatalogados de otras editoriales y los reeditamos en tiradas cortas a petición de un cliente.

www.ingramcontent.com/pod-product-compliance
Lightning Source LLC
LaVergne TN
LVHW041252080426
835510LV00009B/702